文化裂变

成长型企业文化建设指南

孙晖 ◎著

机械工业出版社
CHINA MACHINE PRESS

很多企业会向标杆企业学习企业文化建设，但在过程中却变成了照搬和模仿——模仿别人的企业文化来做自家的文化，结果成了四不像：既要从头开始，又无法落地；既浪费时间，又徒增了成本。本书作者结合自身十余年从 0 到 1 建设企业文化的实践经验，总结分享了传统行业、互联网公司、成长型企业在不同发展阶段的文化痛点和建设要点，帮助管理者厘清企业文化建设的千头万绪，重塑清晰认知，认真思考和培育符合其企业自身气质的独特文化，以支撑组织长远发展。

图书在版编目（CIP）数据

文化裂变：成长型企业文化建设指南 / 孙晖著 . —北京：机械工业出版社，2023.11
ISBN 978-7-111-74316-3

I. ①文⋯　II. ①孙⋯　III. ①企业文化—建设—中国—指南
IV. ① F279.23-62

中国国家版本馆 CIP 数据核字（2023）第 225886 号

机械工业出版社（北京市百万庄大街 22 号　邮政编码 100037）
策划编辑：秦　诗　　　　　　责任编辑：秦　诗　高珊珊
责任校对：张晓蓉　丁梦卓　闫　焱　　责任印制：刘　媛
涿州市京南印刷厂印刷
2024 年 1 月第 1 版第 1 次印刷
170mm×230mm · 14.75 印张 · 1 插页 · 174 千字
标准书号：ISBN 978-7-111-74316-3
定价：79.00 元

电话服务　　　　　　　　　网络服务
客服电话：010-88361066　　机 工 官 网：www.cmpbook.com
　　　　　010-88379833　　机 工 官 博：weibo.com/cmp1952
　　　　　010-68326294　　金 书 网：www.golden-book.com
封底无防伪标均为盗版　机工教育服务网：www.cmpedu.com

写在文化裂变时代

我们生活在一个文化裂变的时代。万物智能和万物互联给各行各业带来了革命性的冲击，我们度过的每一天，都在发生着新的变化。新生思想和新生事物不断涌现，人工智能、虚拟现实从概念变成现实，我们的认知不断被颠覆，高估了当下，低估了未来。这种错误的预估，很多时候既会带来惊喜，也会让我们措手不及。

我的职业生涯也在行业变革的大背景下发生着变化。在 2005 年刚毕业的时候，我加入了世界 100 强的央企，那个年代，央企和外企是炙手可热的，既有企业光环效应，也有丰厚的薪资和高级优雅的工作环境，毕业生争先恐后想跨进这类企业的大门，希望能在大平台上实现自我价值。到了 2015 年，我离开央企，进入互联网行业，在那个阶段互联网正在与传统行业深度融合，创造出新的发展生态，也创造了更多的行业机会。2020 年，我加入新能源造车企业，见证了人工智能产业融合进程的加速，见证了人工智能在医疗、教育、金融、工业、城市治理等众多领域迸发出的强大力量。

大变局带来大机遇，也带来大挑战。产业革命几乎刷新了所有产业的运营模式，企业的底层逻辑正在重塑，治理规则和管理方式正在更新。除此之外，企业的认知模式和意识形态也在突破，从重视提升行业地位到重视提升组织韧性，从只求一家独大到允许百花齐放，从追求企业效益持续增长到追求企业组织持续成长，从尊重权威的影响力到尊重个体独立思想。

这些和本书所讲的企业文化有什么关系呢？

为什么会写这本书

在大变局中，亟须重新审视企业文化。十年前，只有大企业才重视企业文化，现阶段，大多数企业都会把企业文化放在企业管理的重要位置。但是，企业通常会把企业文化、雇主品牌、品牌建设和战略混淆。理想状态下，企业文化应该是企业发展的原动力。现实工作中，企业文化建设经常会被视为锦上添花。在我过往的企业文化建设工作经历中和所接触的企业中，我发现很多企业在企业文化建设中容易出现以下情况。

- 前期企业忙于生存，没有时间思考企业文化；企业发展到一定规模，发现文化被严重稀释，人心涣散。
- 对于文化建设工作不知该如何下手，只能盲目学习，照搬照抄；文化建设工作做了一段时间没有看到效果，就放弃了。
- 企业发展一旦出现问题，就认为是企业文化出了问题，似乎企业文化除了"背锅"就没有别的作用了。

希望这本书的观点分享，能够消除读者对企业文化的误解，形成清晰的企业文化建设认知，帮助企业建立文化自信，不再盲目学习和照搬照抄，建立独特、鲜明的企业文化。

本书的着眼点

这本书希望能帮助读者重建企业文化认知，培育个性鲜明的企业文化。本书会提到一个新概念：文化新生态。在 BANI 时代，企业文化已经形成新的生态。在文化新生态里，企业更加强调使命驱动，战略牵引性更强，战略迭代速度加快，文化建设的方式和形式都在发生着变化。企业要在一把尺子上建立不同刻度，让文化更加多元，要用新的思想去理解新生态。

企业文化的新时代已经来临，在这个时代，我们需要重新审视企业文化。企业文化不再是空中楼阁，也不是遥不可及的，而是与每一个人息息相关，每个人都要参与其中。过往的企业文化建设经验和模型已经不再适用于互联网公司和成长型企业，传统行业也在寻求突破，打破传统，创新改革。时代在提速，企业发展在变速，企业文化建设也要加速，组织的变革和升级一定要跟得上企业的发展速度，甚至要有前瞻性，确保企业更具有市场竞争力。

本书的核心方法论

本书总结了企业文化建设中比较通用的三种模型和适用的落地方式；全面和详细地讲述了成长型企业文化建设的三个阶段，以及每一个阶段具体的落地方式。第 1 章介绍了企业文化建设的五大误区，分析了 BANI 时代文化新生态形成的土壤、要素与特征。第 2 章详细分析了成长型企业的文化气质和常见问题。第 3 章介绍了企业文化建设的三大模型，分别是：以管理驱动的金字塔模型、以技术驱动的房子模型，以及以用户驱动的轮图模型，详细描述了每种模型的构成和落地形式，厘清了企业文化建设的流程和具体方法，以及所适用的企业类型。第 4 章到第 6 章，围绕成长型企业文化建设三部曲，针对企业所处的不同发展阶段，逐一介绍了在创业初期如何做到文化破局，在快速发展期如何做到重点发力，以及在成熟稳定期如何建立文化体系闭环等关键事项，同时绘制了员工生命周期的文化触点设计全景图。第 7 章展望企业文化建设的新趋势，提炼出企业文化建设成功的三个关键词。

本书目标读者

在过往的企业文化建设咨询和接待来访工作中，我接触了很多创业者的故事，这些故事既有独特性也有共性。独特性是因为不同的企业有不同的文化建设问题，共性是因为大部分成长型企业的管理者缺乏企业文化建设经验和专业知识，虽然意识到了企业文化建设的重要性，但是对于从何做起、如何解决现有问题却很迷茫。

因此，本书更适合具有互联网属性的成长型企业的管理者阅读，因为他们面临的困难最多、最迷茫、最焦虑、最需要被赋能，对于企业文化建设的需求最迫切。而且，具有互联网属性的成长型企业往往更加能够顺应时代发展的潮流，更有望形成文化新生态。

阅读这本书的收益

这本书里浓缩了文化建设实战经验，拿来即用。除了必要的企业文化建设理论和概念模型之外，本书的主要内容都来自笔者多年的实战经验总结。既有不同行业的企业文化建设模型，也有不同阶段企业文化建设的重点和方法论；既有企业文化体系建设闭环的具体步骤，也提供了员工生命周期的文化触点设计方案。这些沉淀下来的经验、案例、流程与实用工具，可以帮助企业规避企业文化建设痛点，直观学习各种模型，并能快速应用到实际工作中。通过阅读生活化的语言和学习分阶段的策略指引，可以加深读者对企业文化的理解。这本书更像是一本企业文化建设工作攻略，既有方向策略的指引，也有具体的方法和指南，既有模型也有具体的层层拆解，既有循序渐进的过程也有具体步骤和技巧。

既然是一本攻略书，迫切期待更多的读者一起来补充和完善。

CONTENTS

目 录

第 1 章

BANI 时代，企业文化建设新生态

企业文化建设三层理论

三层理论的核心内容

　　企业文化不是一个陌生的词汇，它作为一种概念和理论，最早是由美国管理学界在研究了日本企业成功经验的基础上提出来的。美国的管理学者威廉·大内于 1981 年出版了自己对日本企业的研究成果的著作《Z 理论：美国企业界怎样迎接日本的挑战》。在这本书里，他提出了"Z 理论"，强调组织管理的文化因素，分析了日本企业成功的关键因素是它们独特的企业文化。20 世纪 80 年代初，美国哈佛大学教育研究院的教授特伦斯·迪尔和麦肯锡咨询公司顾问艾伦·肯尼迪在长期的企业管理研究中积累了丰富的资料，写成了《企业文化：企业生活中的礼仪与仪式》一书，成为论述企业文化的经典之作。

在企业文化的概念阐述中，企业文化像一个洋葱一样层层包裹，层层穿透，由此将企业文化体系的三个层次命名为"洋葱模型"，三个层次包括：精神文化、制度文化和行为物质文化，如图 1-1 所示。

图 1-1　企业文化体系"洋葱模型"

精神文化——企业文化建设的第一步。精神文化是企业文化体系的核心层，这一层是关于公司本质的思考，其中包括企业文化体系的核心理念：使命、愿景、价值观以及由此衍生出来的人才理念、管理理念、品牌理念、发展理念，等等。企业思考和梳理企业文化理念的过程也是思考企业长远发展的过程。在这个思考过程中，企业要思考清楚几个问题：企业建立的初心是什么，企业对社会贡献什么样的价值，企业最终要实现什么样的发展蓝图，企业做决策的标准是什么。任何一个组织的成功都不是仅在金钱上的成功，而是在社会价值上的成功。企业收益再高，如果没有持续为社会创造价值，也不能算是真正优秀的公司，更谈不上卓越的企业。就好比一个积极向上的人，不光要树立远大理想，拥有正确的价值观，更要持续为社会做出贡献，被社会认可，才会得到应有的尊重。这主要体现在使命、愿景和价值观三个方面。

使命（mission）：是企业为社会进步和社会经济发展做出的承诺和应承担的责任。使命聚焦于社会价值，具有利他属性，是企业愿景确立与战略制定的依据。

愿景（vision）：是企业的发展方向及战略定位，是对企业未来情景的意象描绘。愿景聚焦于行业地位，具有利己属性，是企业发展的蓝图。

价值观（values）：是企业文化体系的核心内容，是企业判断事物的标准。价值观是企业及其员工共同持有的价值取向，聚焦于基本信念，是企业的精气神。

企业在明确了使命、愿景、价值观以后，还要根据企业的发展需求逐步梳理出管理理念、品牌理念、人才理念等，这些内容最终将被提炼形成企业的企业文化体系。

制度文化——企业文化建设的关键一步。对于企业来说，远大的理想和宏伟的目标要转化成制度、流程，要用员工能够理解的方式白纸黑字地呈现出来。一个有组织的规范体系，一定有完善的制度流程支撑企业的日常运营和管理，包括决策制定、表彰和认可，也包括判罚和裁决。企业会发布一系列制度，例如"员工行为规范""员工着装要求""公司会议制度""员工绩效考核制度""荣誉表彰制度""员工关爱福利制度"等，这些制度既是企业的管理语言和管理指向，指导着员工的行为，也是一座桥梁，联结了组织和个体。随着企业的发展，制度文化也会不断升级，以便更好地适应企业发展的需求。

行为物质文化——企业文化建设感知最强、最显性的部分。行为物质文化是大部分企业做文化宣传最重要、最有效的途径，因为行为物质文化可以用多种方式来落地，有着不同的载体和丰富的承接方式。在日常工作中，企业可以把文化理念转化成有趣、有意义的活动，转化成体系化的培训课程，转化成真诚朴实的沟通会，转化成朗朗上口的打油诗，转化成触动人心的员工故事，转化成别具一格的纪念仪式，转化成员工独有的文化手办。企业也可以设计独特的办公风格，设计有灵魂的企业 IP 形象，设计有个性的文化衫，甚至企业的一张名片设计都可以代表企业的文化风格。企业在办公场所、在员工可见的地方营造这样的氛围，实打实地做好每一件事，就可以把文化做得"活色生香"，增强员工对企业文化的认知和认可，让信任变得更有力。

企业文化的三个要点和三个特性

企业文化的三个要点

要点一，逐渐形成。企业文化是具有内生性的，不是在企业设立的那一刻就有，而是在企业发展过程中逐渐形成的，时间越长，文化沉淀越明显，文化痕迹越重，所以千万不要以为企业文化的建设工作是可以一蹴而就的。

要点二，企业大多数成员认同和践行。企业文化建设不是少数人的事，更不仅仅是管理层的事，而是企业里面每个成员的事。企业文化建设、传播和传承的主体是员工，只有大部分员工认可企业的文化，才会产生强大的凝聚力，员工才可能去践行文化，只有员工践行文化，才可能传承文化。

要点三，企业文化的核心内容是使命、愿景和价值观，也是企业文化建设的底层逻辑。使命是企业存在的根本意义，愿景是企业的发展蓝图，价值观是人对事物的认知、理解、判断或抉择，是一个组织的DNA。

企业文化的三个特性

特性一：地域性。一个企业的立足点，首先是在一定的地域范围内。因为地域有其自身的特点，所以企业也会受到地域文化的影响，具有独特的地域性。

同行业，不同地域。以汽车制造行业为例，同样是我国汽车制造行业中历史悠久大型汽车集团，上汽大众和中国第一汽车集团（简称第一汽车）因为所处地域的经济、文化发展的不同，两个企业的发展方向和未来景象也截然不同。

上汽大众坐落在上海的安亭上海国际汽车城，这里是上海的汽车产业基地。在汽车城，最为常见的景象是各种品牌的测试车行驶在马路上，测试人员拿着电脑在车里或路边，进行测试工作。一座座新的园区办公楼和厂房紧锣密鼓地建设着。而位于长春的中国第一汽车集团，虽然历史悠久，但是因为地域发展等原因，在创新能力、人才引进和人才培养方面面临诸多挑战。经济学者何帆在他的《变量》一书中，这样介绍第一汽车周边的环境："烧烤店坐落在一条小街上，距离长春市那家在现代史上最具分量的汽车制造厂总部不远。街道两边都是居民楼，一家烧烤店连着一家烧烤店。路边停满了汽车，各种牌子都有，但没有一辆是红旗轿车。晚上 7 点，烧烤店已经热闹了起来，啤酒和烤肉的味道在空气中弥漫着。"⊖

同公司，不同地域。伴随着中国企业出海节奏加快，中国企业把分公司、业务板块设立到不同的地域、不同的国家。比如一家跨

⊖　何帆. 变量：推演中国经济基本盘［M］. 北京：中信出版集团，2020.

国医药制造企业，如果在北京和洛杉矶都设立了办公室，那么两家办公室的文化很可能是不同的。企业文化建设既要遵守母国企业总体的文化要求和调性，也要入乡随俗，建立子公司的特色文化，另外还要确保总部文化和子公司文化能够兼容并蓄。而现实是，中国文化和欧美文化差异巨大，在价值观、沟通方式、工作方式和生活方式等诸多方面存在巨大差异，这必然给跨国企业文化建设带来巨大的挑战。所以企业在制订全球化的选址和扩张计划时，也要考虑文化的兼容性。

同公司，不同行业，不同地域。这是世界 500 强企业面临的常态，以我之前服务过的央企中化集团为例：中化集团下设农业、能源、化工、金融、地产等板块，每个板块都有自己的发展历史和行业属性，并且大部分业务板块都在全球的不同国家和地区设立有分公司，开展业务，既有埃塞俄比亚的橡胶园，又有英国伦敦的石油公司，既有西北张掖的农业基地，又有三亚亚龙湾的五星级酒店。在这样全球化经营多业态的情况下，集团公司会抓大放小，确保企业文化的顶层逻辑和价值观不变，其他细节部分各业务板块可以因地制宜、灵活多变。各大业务板块开展企业文化建设遵循的原则是：使命、愿景的设立要遵循业务板块成立的初心和所承担的社会责任及行业特性，而价值观要和中化集团完全统一，也就是完全遵守集团要求的做人和做事的理念。

特性二：传承性。企业文化是由企业员工践行和传承的，经过一年又一年的积累逐渐渗透到工作的方方面面，渗透到员工的说话和做事方式当中。很多企业的管理者会建立人才培养机制，制订继任者计划，注重从公司内部培养人才，确保选出来的继任者具有纯正的企业基因，能够将企业文化传承下去。

特性三：独特性。企业因为所在的地域不同，身处的环境不同，进入的行业不同，拥有的员工不同，培育出的企业文化自然不同。在互联网时代，人才流动的速度加快了，企业文化冲击既体现在组织里面，也体现在个人身上。有些成熟的管理者在一家公司效力了很多年以后，被另外一家公司请去做高层。到了新东家，他会展现出企业文化的排他性，极力推崇老东家的企业文化，而对新东家的企业文化表现出不认可，甚至希望变革现有的企业文化。

走出五大误区，厘清企业文化的千头万绪

在企业文化建设的过程中，会出现很多误区，比如企业文化建设动作要快，企业文化建设是锦上添花，谈企业文化就是形而上，等等。这一节，就是要为企业文化正名，助读者澄清事实，走出这些误区，厘清企业文化的千头万绪。

误区一：我们公司没有企业文化

常见误区有：

- 很多创业者说，我们公司过去没有企业文化，现在发展到一定规模了，需要做企业文化了。
- 这家公司从上到下都是老板一个人说了算，没啥企业文化。
- 我们这么小的公司，生存是王道，不需要企业文化。

真相是：你做或者不做，企业文化就在那里。

企业文化就是一个组织的 DNA，再小的组织都有自己的企业文化，企业文化来自创始人，来自组织中的每一个人。大到国家，小到家庭，都有自己的文化。国有国风，家有家风，企业文化从企业创立那天起就已经萌发，有意培育会变成参天大树，野蛮生长则可能毁掉组织。

■ 案例 1-1
理发店该不该有企业文化

曾经在某个知识分享平台上收到一个网友的提问，他问了我一个很好的问题：一家小的理发店应不应该有自己的企业文化？答案是：一定需要的。

我家附近刚刚开了一家理发店，门面很低调，装修是极简风格，只有三位年轻的发型师，没有助理，发型师的造型也不夸张。有一次，抱着尝试的态度，我走进了这家理发店。

整个理发的体验，改变了我对这家店最初的印象，我最大的感受就是：细致和细心。店里的三位发型师手艺都很精湛，而且非常有耐心。不管客人是大人还是小孩，是妙龄少女还是年长的阿姨叔叔，他们都没有任何差别地对待。虽然一直有客人在等位，但是发型师没有赶时间，认真、专注完成每一个造型，用户满意不行，发型师自己认为完美才可以。服务过程中既不推销办卡，也不推销更多的产品，全程专注在理发上。这就是这家理发店的企业文化。

理发店在前期思考企业文化理念的时候，不需要想得很复杂，不需要刚开始就去构建使命、愿景、价值观。最重要的是想清楚几个问题：

成立理发店的初心是什么？希望做成什么样子？我们区别于其他理发店的优势是什么？想要实现这个愿望需要如何做？员工要怎么做？老板要怎么做？把这些想清楚，理发店的文化也就清晰了。把质朴的语言直接写下来传递给每位员工，这种文化理念就会转化为宝贵的、专业的服务传递给客户，也就形成了理发店独有的竞争力。

误区二：企业文化建设就是锦上添花

常见误区有：

- 企业文化建设是大企业、好企业的事，小企业、亏损企业搞不了，也没有必要搞。
- 企业文化建设搞得轰轰烈烈，生产却不景气，说明企业文化没有用。
- 企业文化就是锦上添花，做得差不多就得了。

真相是：企业文化建设就是在识别和强化组织基因。

这些误区不光在企业文化咨询中经常遇到，在我过往的工作场景中也是普遍存在的。对于创业公司来说，前期公司忙发展，忽略了企业文化建设，即便做，也仅限于搞搞活动、做做培训，时间长了，员工就会觉得企业文化很"虚"。

有些创始人一定会挑战我说："我们公司从成立开始就没做过企业文化，现在发展得依然很好，已经处于这个领域细分赛道领跑位置了，你怎么解释呢？"我的回答是：如果企业在刚开始不对自己的基因有很好的认识和规划，那么即便企业选择的赛道和方向好，从创始人到员工目标一致，敢想敢拼，跑得很快，到了发展后期也会因为企业文化建设工作不到位而被掣肘。出现公司管理理念无法贯彻下去、制度和规范很难推动落地、团队凝聚力和员工归属感不强等实际问题，这些问题会导致企业发展后劲不足。这样的例子在国内的企业中也不胜枚举。

■ 案例 1-2

吃掉"休克鱼"：
被搬上哈佛商学院讲台的中国企业并购案例 ⊖

"休克鱼"，是指鱼的肌体没有腐烂，比喻企业的硬件很好；而鱼处于休克状态，比喻企业的思想、观念有问题，导致企业停滞不前。人们习惯上将企业间的兼并比作"鱼吃鱼"，一般称为"大鱼吃小鱼""快鱼吃慢鱼""鲨鱼吃鲨鱼"。这种企业一旦注入新的管理思想，有一套行之有效的管理办法，很快就能被激活。那么吃掉"休克鱼"又是什么故事呢？

在 20 世纪 90 年代，海尔开始了品牌战略，兼并了青岛红星电器厂，当时红星电器厂累计亏损达 2.39 亿元，无法还贷。海尔派去的第一批人不是出自财务部，而是出自企业文化中心。他们首先宣讲的是企业文化、管理模式，而不是投资额度、盈利指针。时任总裁张瑞敏的理论是：账面上一时的得失不在他们的视野之内，企业长远的价值才是他们的立足点。于是海尔将重点放在以下几个方面。

1. 统一思想，让全员理解并接受海尔的企业精神"敬业报国，追求卓越"。

⊖ 资料来源：海尔的休克鱼理论，MBA 智库百科（mbalib.com）。

2. 提高效率，实行"日清日高"的管理模式，建立高效运作机制。

3. 全面市场化，建立健全的质保体系。

合并后红星 3 个月扭亏，第 5 个月盈利 150 多万元。从 20 世纪 90 年代初开始的近 10 年间，海尔先后兼并了 20 家企业，通过贯彻文化先行的战略，盘活被兼并企业。并购前，有 14 家企业的亏损总额达到 5.5 亿元，而最终盘活的资产为 14.2 亿元，成功实现了低成本扩张的目标。海尔的扩张实质上是海尔精神、海尔文化的扩张。用张瑞敏的话说：活鱼不会让你吃掉，死鱼吃了又会闹肚子，因此只有吃"休克鱼"。

这是被搬上哈佛商学院讲台的中国企业并购案例。

误区三：企业文化就是战略

常见误区有：

- 战略比企业文化更重要。
- 有了战略，企业文化建设工作就可以忽略。
- 企业文化就是战略。

真相是：企业文化不等同于战略，而是高于战略。

企业文化是企业的 DNA，是骨子里的东西，是一个企业里面大家共同遵守的沟通和做事的方式。战略是术，是为了实现我们最终的使命而制定的阶段性的策略和打法，当这个阶段的战略目标实现的时候，会制定下一个阶段的战略目标，直到我们实现企业的使命和愿景。

现代管理学之父彼得·德鲁克关于企业文化的著名论断是："文化把战略当早餐吃"，可见企业文化的重要性远超战略。企业文化和战略两者之间有什么样的关系呢？我认为，企业文化与战略是相互成就的：战略目标的设定是为了实现企业最终的使命，文化建设要在不同阶段支持战略落地。

在战略实施过程中，企业文化的支持作用主要表现在两个方面：一方面，企业文化具有很好的导向作用，员工需要花时间去理解和消化企业发展战略、经营思路，对此企业文化可以有效引导；另一方面，企业文化具有很好的约束功能，企业通过传播共同的舆论导向、培育共同的行为模式，约束员工的行为。

误区四：我们得多学习别人家的企业文化

常见误区有：

- 企业在做企业文化建设工作之前，先去参观学习。
- 学习回来后在企业里照搬照抄。
- 抄了一段时间之后，再换一家公司参观学习，学习回来继续照搬照抄。

真相是：学习可以，抄不可以。

很多企业在准备做企业文化建设之前一定会做一件事：去优秀的企业参观学习企业文化建设，华为、阿里巴巴、腾讯都有很成熟的企业文化参访业务。参观结束以后，参观者会感叹这些大企业的企业文化做得好，于是回到企业之后大刀阔斧地照搬照抄。初创型公司说，我们要先建立一套完整的企业文化体系；互联网公司说，我们要和军队一样建立一套荣誉激励体系；传统行业说，我们也给自己取花名吧。

于是乎，市面上出现了很多相似的企业文化理念，比如，大家对华为的军队文化感受很深，尤其是在价值观里有一条表述：以奋斗者为本，并持续地艰苦奋斗。夸张点说，曾经有一段时间，在互联网公司里，十个公司里有五个的价值观中都有类似以奋斗者为本，或者以拼搏者为本的描述。

再比如，阿里巴巴的使命是，让天下没有难做的生意。简单直白，把行业特性和社会价值陈述得淋漓尽致。很多有互联网公司去阿里学习了以后，确定的本公司使命都如出一辙：让天下没有难买的药、让天下没有难看的病、让天下没有难买的车，让天下没有难理的财，让天下没有难买的钢……有的公司一年内会学习几种企业文化理念，但都虎头蛇尾，弄得文化团队很痛苦，创始人也不满意。学习是一件很好的事情，但是不能照搬照抄。

误区五：企业文化是文化部门的事

常见误区有：

- 企业文化是文化部门的事，做得好与坏都是这个部门的责任。
- 企业文化建设出了问题，要问责这个部门。

真相是：这个责任文化部门恐无力承担。

企业文化建设工作是需要全员共同参与的，不是某一个部门就可以独立完成的，而且不同的角色在企业文化建设中发挥的作用不同。

组织保障角色：企业文化建设是系统性工作，每个企业都需要有一个组织作为保障或者工作机构，承担企业文化建设责任，制订工作计划，明确任务和分工，项目化地推进落实。

在中国金茂集团，有三个机构与企业文化建设相关：①企业文化领导小组，由核心高管作为成员，负责公司企业文化方向的制定，同时作为企业文化建设工作的决策机构；②企业文化工作小组，作为企业文化建设的实际部门，负责日常事务的推动；③职工代表，由各业务中心的员工代表组成，既协助企业文化工作的落地，也作为宣传大使，传播企业文化。

在蔚来汽车，同样也是三个机构负责企业文化的建设工作：①专门成立了价值委员会，由核心高管和每年的"蔚来之星"获奖人员构成，委员会内又设立了体系组、产品组、传播组和监督组，分工明确地推动企业文化建设工作的开展；②企业文化部门作为秘书处，协助价值委员会日常工作的开展；③各个部门和城市公司设立价值小组，负责本小组的企业文化建设工作。

创始人/高管层角色：思考企业的使命和发展方向，是企业文化的指引者和践行者。尤其是高管，要真正把企业文化建设当成自己的事情，承担责任，自我约束，以身作则。如果一家公司的企业文化味道变了，可以先去高层那里，看看是不是高层发生了变化。

文化团队角色：文化年度方案的制订者和推动者，这个团队要负责去发现问题、去反馈问题、带着思考去落实和推动年度工作规划的制定和落地。

员工角色：员工是企业的主人，是企业文化建设的主体，只有员工认可企业的文化，主动践行文化，才可能让企业的整体步调一致且坚实有力。

从三层理论到企业文化新生态

BANI 时代与企业文化新生态

当今世界正进入一个新的发展阶段，一些巨大且势不可挡的事情正在发生。美国未来研究所学者贾迈斯·卡西欧（Jamais Cascio）创造了"BANI"（巴尼）这个词来描绘当今世界的特征。BANI 由四个英文单词首字母组成：B 指的是 brittleness（脆弱性），A 指的是 anxiety（焦虑感），N 指的是 non-linear（非线性），I 指的是 incomprehensibility（不可理解）。对于这四点，在经历了产业变迁以及新冠疫情之后，大家的感受应该是非常强烈的。[⊖]

BANI 时代意味着一切都在变化，不确定性会常伴左右，我们要颠覆过往的认知，接受新的事物、新的思想。有人说 BANI 是数字纪元在转折期间给人类的必然感受，以前的工业纪元没有这种感受。或许再过 20 年，人类越过这个转折期，就会对 BANI 习以为常了。

BANI 时代，社会是一个开放式的系统，去中心化使人类跨越了组织、地域、专业等边界。信息传播的方式由集中传播变成了散点互传。边际变得模糊和薄弱，虚拟可能会变成现实，任何两个物体之间都可能建立连接，彼此影响，生态感更强。大数据变得十分强大，云计算已经超过人们的想象，可以在很短的时间（几秒钟）内完成对数以万计数据

⊖　资料来源：商业评论，"活"在 BANI 时代。

的处理，从而提供强大的网络服务。因为大环境的变化、企业形态的变化，企业文化也在发生着变化，传统企业文化的层次、内容、方式都和以往有所不同。

- 层次感在逐渐变弱。
- 文化边界变得模糊和难以定义。
- 文化设计的内容和范畴更广泛。
- 文化建设的方式变得更多元化。

此时的企业文化体系不再仅仅是我们之前提到的文化三层次：精神文化、制度文化和行为物质文化，它更像是一个生态，没有明显的边界和层次，延展到了语言文化、领袖文化、传承文化，等等，用一个词来概括就是：文化生态（culture ecosystem）。企业文化与公司的业务贴合更紧密、与员工的需求贴合更紧密、与新事物和新思想贴合更紧密，企业文化呈现的形式更加多样化、动态化，企业文化范畴不再固化，而是活化，形成了一个文化生态系统。

首先我们看一下生态系统的概念。生态系统指在自然界中一定的空间内，生物与环境构成的统一整体，在这个统一整体中，生物与环境之间相互影响、相互制约，并在一定时期内处于相对稳定的动态平衡状态。

本书提到的文化生态系统，是指在一个企业里面，企业文化与企业环境、企业管理、企业战略、企业员工交融为一体，企业文化内容由传统的洋葱模型演变成了网状，既有弹性又黏合万物，相互交叉。企业文化传播不再是单点传播而是散点交互。企业文化建设的形式更偏重信息化和数字化，依靠互联网来赋能，共同推动企业文化建设。

企业文化新生态的四个要素

不是所有的企业都可以形成文化生态，而快速发展、去中心化、有互联网属性的企业，更有可能形成文化生态，企业文化新生态包含四个要素，如图 1-2 所示。

图 1-2　文化新生态趋势图

- 使命驱动：迷茫中的坚守。
- 战略牵引：没有战略就没有发展。
- 文化多元：一把尺子不同刻度。
- 快速迭代：边盖房子边改图纸。

要素一，使命驱动。企业的发展一定要紧密联系企业的社会价值和社会责任。企业成功的标准是什么？一定不是追求财富收益，也不是拥有足够高的行业地位，而是有清晰的使命，并主动承担社会责任，持续为社会创造价值。企业所做的一切不仅仅是为了让企业营利，更是为了让企业离使命更近一些，实现社会责任。那些真正屹立不倒的企业一定是使命驱动，简单地讲，就是利他。真正让企业可以看见未来、触达未来的，就是使命驱动。

要素二，战略牵引。在全球一体化的趋势下，战略的迭代速度已经像动车一样不断提速。以往，企业定战略都是 5 年战略或者 10 年战略，甚至是 20 年战略。在战略正式发布前，还要反复论证修改，找一些试点来验证战略的正确性。而在成长型企业，发展战略的制定不是以年为周期，而是以半年为周期，因为半年就有可能定生死。如果这半年的战略打法不明确或者有战略性失误，那么掉头转向还来得及。在新能源造车行业，战略修订的速度要更快，要求每个季度回顾一次战略，也就是说，每个季度的战略方向和打法都有可能发生变化。因为新能源造车行业的竞争过于激烈，每天都有企业入局，也有企业出局，所以必须以季度作为一个时间段，只有打赢这一场，才有可能迎来下一场。为了能够打赢一场场保卫战，企业在制度、流程和文化建设上的反应和落地要迅速，内容呈现要更加清晰和简洁，把精准、有效和实实在在放在首位。

企业文化新生态要求战略目标指向性更强。这和战略周期缩短是有很大关系的。因为战略目标已经被拆分成很短的周期，颗粒度也非常细，所以短期内的战略目标指向也很清晰，不再是一个大概的方向，而是具体的结果指标。这个指标很容易分解成管理动作，释放给各模块去落实到具体业务中。

要素三，文化多元。企业招人要有价值观底线，招聘的人，在价值观方面要和企业匹配。换句话说，招进来的人要有与企业的价值观相近的价值观，如果候选人有不符合企业价值观的部分，最好慎重考虑。有的时候，我们觉得候选人价值观和企业价值观确实不符，但是候选人的能力和背景还算符合要求，就通过了。但候选人加入企业之后，在面试时感觉不符合的那些点就会越发明显，日积月累，在做事和做人方面会出问题。不同刻度意味着不同岗位的用人标准和水平是不同的。百花齐放已经成为成长型企业多元思维方式的特点，鼓励不同意见，鼓励创新，每个人都可以发表自己的看法。创意大赛这几年受到了不少企业的追捧，因为企业也意识到员工思维多元化和个性化的特点，希望借助一些活动激发每个人的潜力，对企业的发展多思考，多提好的建议，让思想闪光。企业从人才市场挑选、录用多元化的人才，多元化的人才为企业带来不同的理念、不同的思维方式、不同的沟通方式，让企业文化也变得多元。

要素四，快速迭代。这和成长型企业的发展阶段是分不开的。因为成长型企业就是一边盖房子一边改图纸。除了总规划方向不变、地基不变，中间的梁柱、横梁、内饰都在随着竞争环境的剧烈变化而变化。甚至会出现房子已经盖好了，却发现各种问题，只能直接砸掉重建的现象。

在传统成熟的企业里，常规模式是，规划做好，计划做好，按部就班去做，如果没有规划就做事，甚至有可能会被定义为重大失误。而在成长型企业，边快跑边制定规则是常有的事情，如果等规划做好了再去行动，可能就会被竞品或者友商赶超，拼的不是全而是快。成长型企业里的快和多变，会使从传统行业转型加入的人才经历很长一段时间的不适应。成熟企业最大的优点就是流程完善、制度规范，有健全的平台和系统。而成长型企业最大的特点是没有完善的流程，没有标准的制度，一切要从零开始。成长型企业存在并允许各种不完善的现象，公司刚刚发布的制度会反复变化，公司会议上讨论通过的决策会被推翻，微信群就是正式沟通渠道，工作节奏快、996 或者大小周的工作制是常态。

文化新生态的三个特性

除了四个最重要的因素之外，文化生态还有三个特性。

平台化：文化虚拟世界已经形成

在组织企业文化活动时，我们会发现一个现象：线下活动的参与人数越来越少，活动的参与率和互动性越来越差，即便我们在设计、组织上花了很多心思，花样不断，可来线下的人就是越来越少，有的时候我们居然要去部门里面请人来参加，这是为什么呢？主要有两个原因。

原因一：员工越来越忙，大家都是飞奔的工作节奏，每天一上班就有无数个待办事项等着完成，而且都是必须按时完成，饭都没时间吃，觉都没时间睡，哪有时间参加线下活动？

原因二：员工群体越来越年轻，尤其是"90 后""00 后"占主流的 Z 世代职场。对于 Z 世代，手机才是他们 24 小时不会离开的伙伴，只要是有时间，他们一定沉浸在网络世界中。有时候我想利用中午吃饭时间和团队小伙伴们聊聊天，聊聊有意思的事情，却发现无人捧场，他们一直低着头，边吃饭边浏览手机。网络世界对于年轻人更有吸引力，在网络世界里既可以社交也可以发现很多有趣的事情，更具有持续性，这是线下活动比不了的。

企业文化建设必须认清这个现实，要适应这种变化，明白线下活动不再是主要渠道，要去构建一些线上的文化虚拟世界和社交平台，如留言板系统（BBS）、内部员工论坛（voice of employee）、抖音账号、小程序（app），等等。在这些平台上面，员工参与线上活动的积极性和参与性非常高，更愿意去展现自己不为人知的一面，他们主动表达自己对事物的看法，吐露自己的心声。他们每个人都有独特的才华，也会有很多人和他们互动，有思想、有灵魂的帖子一旦发出来，阅读量和回复量都相当惊人。

数字化：让文化精准定位

在数字化时代，企业文化建设和变革的方式也在提速。曾经，企业发布一个重要的活动要通过内部邮件、内部公告、内部海报、电话沟通、短信通知等多种方式去触达。而如今，利用数字化，不论什么内容的活动，只需要 1 秒钟就可以触达全员。在触达形式上还可以有定向发送、定时发送、定制化发送、多媒体呈现等多种形式。比如，企业要组织一次核心成员的管理大会，这次大会只有 200 多名核心成员参加，那么我们从邀请函发送，到活动预热，到注意事项提示，到问卷调查等都可以通过后台定制化地、定向地发给参会人员。

数字化可以帮我们做很多事情，可以支持多种数据源，丰富的数据可视化图表分析提供了很多选择。利用大数据可以生成员工画像，通过分析员工画像，可以清楚地了解员工的年龄、学历、兴趣爱好、背景相似度，可以看出现在的人员构成，为制订人才培养计划和人才招聘计划提供很好的依据，也对企业文化建设的受众群体有很好的了解。

在企业文化建设工作中，文化调研、文化活动报名和反馈、文化内容传播形式，都越来越数字化。我们可以在一次文化活动结束之后，通过发起线上问卷去了解员工对于活动的满意度和建议，透过数据去看活动效果和员工反馈，作为下一次活动优化提升的依据。同时，我们也可以通过大数据，去精准定位员工的喜好，让文化落地形式更符合员工的口味，提升员工参与度，增强文化渗透力。

透明化：文化变得很透明

全媒体时代，出现了全程媒体、全息媒体、全员媒体、全效媒体，信息传播变得很透明，不光是内部透明，外部也很透明。我们组织一个文化活动，一经微博或者抖音转发，基本上就可以传播到整个互联网，点赞人数或者观看人数破万是常有的事情。

但是，透明化也是一把双刃剑，好的方面，可以增强企业文化的传播力，提升企业品牌的知名度和影响力。不好的方面，信息传递得太快，没有经过过滤就触达全网。在企业里面，"90后"和"00后"员工对工作不满意或者有情绪不会主动沟通，更愿意发帖子、发评论，并附照片。一个员工对企业某一个方面吐槽的帖子一经发到网上，企业还不知道，全网的人都知道了，比如，公司下午茶减啦、天花板漏水啦、房补没啦、公司暴力裁员啦……吐槽中难免会夹杂员工的个人情绪，企业要为这一个帖子忙活一阵子。

■ **本章回顾**

1. 任何一个企业都有独特的企业文化，创始人的格局和价值观决定了企业文化的格局；企业文化是顶层设计，可以通过学习的方式提升，不能抄，因为不同企业的DNA不一样。

2. 在 BANI 时代，万物互联，企业文化形成了新的生态，创新能力、去中心化的互联网公司更具备文化新生态形成的条件。

3. 在企业文化新生态里，更加强调使命驱动，越是迷茫时越要坚守初心；战略的牵引性更强，战略迭代速度更快；企业要用一把尺子设立不同刻度，让文化更加多元；快速迭代，边盖房子边改图纸。

4. 在企业文化新生态里，企业文化呈现平台化、透明化、数字化的趋势，企业要了解和迎合职场新生代人群的喜好和思想，利用互联网、大数据、云计算，让企业文化更有科技感和传播力。

CHAPTER 2

第 2 章

成长型企业的气质和通病

成长型企业文化建设的独特气质

成长型企业的概念

成长型企业（growth company）是指在较长的时期内（如 3 年以上），具有持续挖掘未利用资源能力，不同程度地呈现整体扩张态势，未来发展预期良好的企业。成长型企业的显著特质之一是，它们所处的行业是朝阳行业或新兴行业，这是企业发展的外部环境，是其快速成长的充分条件。它们攻城略地，快速扩张自己的规模，在很短的时间里将企业做大。本书提及的"成长型企业"，聚焦那些在 5~6 年时间内快速发展成为某个细分领域"独角兽"，具有互联网基因和强大创新能力的企业。

　　成长型企业真正的内核就是"快"，具体表现为快速发展、快速进入人们的视线、快速占领市场、快速迭代，发展节奏、业务扩展规模和市场占有份额的提升都明显快于其他企业。正是因为快，成长型企业的企业文化建设也有自己的独特之处。

成长型企业的独特文化气质

气质一：创业文化

　　据统计，中国几乎每隔一两个月就会诞生一个新的行业，在这些新行业中，有的企业可能是昙花一现，有的会成为成功的企业，疯狂增长又顺利突破了瓶颈 [⊖]。在中国，大部分成长型企业成立的平均年龄在8~10 年，如果超过 10 年，发展依然快速稳健，那么市值达到千亿就不是梦。2022 年，成立 12 年的小米的销售额达到 2 800 亿元，最新市值近 3 039.08 亿港元。2023 年 3 月 16 日，字节跳动迎来了自己成立11 周年的日子，它的市值近 3 000 亿美元。对于成长型企业来说，虽然公司发展体量、市场占有率和市值已成规模，但是从公司整体发展阶段和特点来看依然处于创业阶段，创业文化非常明显，主要体现在以下几方面。

　　移动办公。在一个成熟的大企业里，办公环境优雅宽敞，从工位设计到工位面积都按照标准配置，每个办公桌设有隔断，既体现舒适性，又保护员工的个人隐私。公司总监级以上都会配有独立的办公室，办公

　　⊖　罗波，李士辰. 快公司［M］. 北京：中华工商联合出版社有限责任公司，2019.

室的面积和配备标准也都有明确的要求。而在成长型企业，办公室里几乎没有隔断只有工位。所有楼层的办公桌都是打通式的，一通到底，每排坐着十几号人。员工的工位也不是固定的，今天坐在这个工区，明天可能因为业务需要要去另外一个工区办公，员工背着电脑包，拿着笔记本电脑，可以随时随地转换地方，找个空工位继续工作。

搬家是常态。因为公司业务变化迅速，人员调整快，工位和工区布局也经常发生变化，员工们就跟随着公司变化的脚步不断地搬家，有时候是工位的调整，有时候是楼层的调整，有时候是职场办公楼的调整。我在中国金茂集团工作 10 年，只经历过一次搬家；我在 VIPKID 工作 2 年多，经历过两次办公楼的换址；我在蔚来工作 3 年，已经经历过三次工位的调整，一次办公楼的搬迁。

工位稀缺。因为公司扩张速度很快，工位是非常稀缺的资源。经常会看到行政人员在工区里走来走去，眼睛里盘算着每一个多余的工位，巴不得一个工位还能再孵化出一个工位出来。所以，工区里多余出来的空间都会用于安排工位，在人员入职高峰的时候，会议室、茶水间全部都被改成工位。管理层通常也不设立办公室，很多公司的创始人迄今为止也没有独立的办公区域，都是和员工坐在一起。

共享办公（Wework）。共享办公是一种比较灵活和开放的办公方式，目的就是让办公更高效，办公资源可以共享。在共享办公空间里，员工没有固定的办公位，办公室的空间设计和功能设计会更多样化。沙发区域、茶水间区域都会多功能化，既是休息区同时也可以作为会议区；共享空间里会设立多功能区域，摆放白板和白板笔，设有隔断，拉上隔断就是一个会议室。在共享办公空间不仅工位和会议室可以共享，在必要的时候，卫生间、休息区都会变成共享式。

沟通靠"吼"。沟通靠"吼"是成长型企业独有的，被广大员工所接受的一种工作方式。这里的吼不是指吵架，而是说沟通简单直接。如果团队里有什么事情要宣布，员工站起来吼一嗓子，基本上大家都听见了。如果 10 分钟就可以解决问题的会就不要占用大家半个小时的时间，开会要直入主题，有问题直接说，不需要拐弯抹角。沟通方式虽然直接但是不带个人情绪，对事不对人，一切沟通只是为了解决问题。即便开会的时候大家吵得面红耳赤，开完会大家还是好同事。工作群也是成长型企业特有的一种工作方式，员工翻翻自己的手机，大大小小的工作群可能有上百个，都是为了沟通工作方便，甚至一些重要的通知和提醒都会在群里发布。

■ 案例 2-1
传统与互联网强烈反差的电影《实习生》

好莱坞有一部电影叫《实习生》，由安妮·海瑟薇主演的朱尔斯·奥斯汀创办了一家时尚购物网站，办公室前身是一家电话号簿印刷厂，办公室把工厂改成了阁楼，以白色和黑色为主色调，极简风格，强调功能性，空间感强，内部就像是一个小社区。奥斯汀就经常骑一辆自行车穿梭在办公区内，非常便利。这家电话号簿印刷厂的前任副总裁是 70 岁高龄的本·惠科特，退休后不甘寂寞决定重返职场，他在报纸上刚好看到了这家时尚购物网站正在招聘实习生。于是他穿着笔挺的西装、提着公文包来到这家时尚购物网站面试实习生岗位，虽然面试过程中大家都不太能接受，但最后还是决定留下他。他以高龄实习生的身份加入了这个时尚购物网站。一开始，本·惠科特与公司的年轻人显得格格不入，但是性格随和的他很快赢得了同事们的好感与信任，并以其敬业的态度、优雅的姿态和开放的心态，成为公司年轻人的偶像以及奥斯汀最信任的人。这是一个喜剧片，有一个喜剧结尾。电影中的传统和互联网，老思想和新思想的碰撞和摩擦产生了强烈对比，也折射出了新思想、新事物已经到来。

在高速发展的企业里管理层的平均年龄可能不到28岁，因为在业务快速发展的情况下，企业经常会不拘一格地任用人才，或者是火线提拔。在商务谈判场景中，可能会出现这样有趣的景象，一边是白发苍苍的咨询顾问，一边是青春逼人的管理团队。

组织结构简单。 在组织结构臃肿的企业里，一大特色就是领导多，通常一个部门有一个总经理，两个副总经理，还有若干总经理助理，真正干活的只有那几个人，每个人还配了实习生。公司岗位越来越多，层级也越来越多，效率却越来越低，大家每天都很忙，都是加班到很晚，但是工作成果也看不出来。我曾经的一位下属跳槽去了某个银行的二级单位去做企业文化建设工作。她所在的部门叫作行政处，四个人的编制，包括一个处长，两个副处长，她是主管，另外还有一个实习生。日常工作中，处长给副处长安排活儿，副处长给她安排活儿，所以最后的工作基本上都是她和实习生做的。除了领导多，在这样的企业里发邮件也是一门大学问，员工在发邮件的时候要思前想后，谁的名字在前面，谁的名字在后面，称呼和抬头是否正确，邮件正文重要，职位和称呼更重要。

在成长型企业，组织结构比较扁平化，汇报线很短，最多不会超过三级。如果工作需要，或者项目需要，员工可以直接和创始人汇报工作，而不需要考虑太多的层级，有时甚至可以越级汇报。层级观念非常淡，很少听到某某总或者老板这样的称呼，大家彼此的关系更像是伙伴或者搭档。员工直呼创始人的名字，可以叫昵称，也可以叫英文名字，但是不叫"X 总"。创始人和员工也经常一起吃饭、聊天、讨论问题，甚至在内部平台上因为观点的不一致而互怼，而且怼得不亦乐乎。结构的扁平化带来的好处是决策机制简单，几个人坐在那里就可以商量一件大事，不需要纸质签字，也不需要审批流程，更不需要举手表决。决策确定之后，直接在群里通知，大家就直接干了。而在组织结构臃肿的企业，一个决策流程非常长，从申请到审批再到立项和实施要经过很长的流程。一份会议纪要需要三审才能定稿，等到会议纪要发出来，可能都在会议结束几天以后了。

龙湖地产在中国的地产行业里算是行业翘楚，它从成立开始就追求卓越，专注于品质和细节管理。龙湖的企业文化里除了有使命、愿景和价值观外，还有龙湖人倡导和反对的行为。

■ 案例 2-2

龙湖的 20 条反对的员工行为 [⊖]

在龙湖的企业文化里面，除了明确地阐述了使命、愿景和价值观外，还把龙湖人倡导和反对的行为进行了明确的要求，其中有 20 条反对的行为，条条针对官僚主义，条条反对本位主义，条条弱化管理层级和老板文化。

- 以"集团要求、领导定了、以前这么干、这是职能底线"为托词不作为。

⊖　资料来源：龙湖官网。

- 顾前不顾后，解决自己问题的同时给别人留坑，未把工作下游当客户。
- 一切形式的官僚主义（如：画地盘、拉山头、刷存在感、滥用权力、强迫喝酒）。
- 总是"一针见血"地指出别人的问题，对自己的问题避而不谈。
- 以领导喜好为自己喜好，一味揣摩迎合，不敢提不同意见。
- 以跟自己的亲疏远近，而不是能力结果评判他人。
- 遇事甩锅，逃避责任，互相推诿。
- 事事喊口号，凡事上纲上线贴标签。
- 前呼后拥、摆领导架子（如：经常让下属订外卖、取快递等）。
- 迎来送往、接风洗尘（如地区公司之间、地区公司和集团之间）。
- 低效率加班，领导不下班，下属就不敢下班；把不休年假当作操心、敬业的标志；"苦劳"当"功劳"。
- 简单粗暴（简单直接不等于简单粗暴）。
- 领导一言堂。
- 给任何领导设置专职的秘书、助理（龙湖也没有秘书、助理这两个职位名称）。
- 领导的办公室大于 $20m^2$，而且是楼层里光线最好的位置。
- 下级给上级拎包、开车门、扶电梯、点头哈腰、送礼、请吃饭。
- 领导每次出现都带个"打下手的"，自己只负责"宏观地说"，别人负责"具体地干"。
- 内部开会、聚餐时，按职务高低排座次。
- 领导带着一种"恩赐"的心态批准员工休假，或者百般"刁难"。
- 老婆在产房，自己还在工作岗位上。

气质二：创新文化

小步快跑式创新。小步快跑是成长型企业的常态，不求一蹴而就，只求小步快跑，一步步超过对手，抢占市场。企业的线上产品一个月可能要迭代十几次，每天反复测试，漏洞修复也是时时进行，没有平稳，只有不停优化。平台系统上线通常要在凌晨的时间，因为这个时候用户使用量少，上线和测试不会影响客户使用，所以办公室灯火通明是常有的事。在北京、上海、深圳这三个城市中创业型企业或者是互联网公司相对集中的地方，这些区域的出租车司机早就已经掌握了规律，尤其是跑夜车的司机，都掌握着接单的分析数据。比如在北京，凌晨几点，上地地段是用车高峰；早上几点，五道营地段车辆拥堵；晚上几点，朝阳北路地段不好叫车。出租车司机们也都与时俱进，根据特定地段企业的整体加班状态，就能判断出业务发展的态势，在开车时，也能和乘客就企业的业务聊上几句。

做方案也是小步快跑，团队今天和创始人汇报一个方案，创始人提出了修改意见，团队连夜修改，第二天可以去沟通新版的方案，一周之内方案就可以定稿，第二周可以开始筹备，第三周落地实施。

成长型企业的小步快跑除了是生存需要，还有一个原因就是成长型企业具有快速迭代的基因，而互联网和高新技术能够让迭代的速度加快。在 2020 年疫情期间，蔚来所有的线下门店全部关闭，为了保证销量，蔚来在行业内率先启动"云卖车"直播项目，用户快速制定直播实操手册、视觉及内容指引。总部和区域一起联动，一周内制定了培训和赋能机制并持续迭代。各区域公司推广执行线上线下联动卖车策略。在60 多天的时间里面，有 33 个区域公司参与了云卖车，每天有近 30 场不同主题直播，产出 114 条不同内容短视频，促进销售端订单同比提升 75.4%。

颠覆式创新。人类历史上的进步数量中 99% 都属于持续创新，只有 1% 属于颠覆式创新，而正是这 1% 加速了人类进步的脚步 [⊖]。颠覆式创新有一个特质就是：指数级的低成本与高效率。几乎所有的独角兽企业都在一定领域或一定范围内实现了颠覆式创新，从而实现阶段性的超速增长。自 1830 年前后摄影技术被发明以来，传统的照相机都是基于在卤化银感光胶片上成像来记录影像的。100 多年来，胶片是影像的基本载体，20 世纪 70 年代，数码相机颠覆了这种假设。而今日，手机强大的摄影功能又抢占了一大部分数码相机的市场。

持续创新。互联网企业是靠领先和好用的产品获得用户信赖，从而抢占市场的，所以对于产品设计和产品性能要保持持续更新的能力，不仅要能满足客户日益增长的需求，而且要持续超出预期，持续为用户创造惊喜。企业要致力于建立鼓励创新的机制和搭建平台，营造轻松的氛围，只有让每一个人都开动脑子，敢想，敢试错，才会有层出不穷的想法。

气质三：狼性文化

对于狼性文化的理解因人而异，有人理解为努力拼搏、奋勇前进；有人理解为不顾一切、舍家舍己；有人理解为进攻凶猛，残暴无情。我对于狼性文化的理解，更像是电影《狼图腾》里面，对于狼群形象的刻画：敏锐度高、执行力强、团队精神，既有军事才能又有明确的组织分

⊖　罗波，李士辰. 快公司 [M]. 北京：中华工商联合出版社有限责任公司，2019.

工。狼性体现在企业文化上呈以下特点。

敏锐度高。成长型企业敏锐度非常高，应变能力强，能够快速洞察市场趋势，对市场和客户的变化迅速反应，一有机会，马上出击。同时，也会对对手的进攻快速反击，既能积极进攻，也能面对失败快速调整，更能从细微处发现问题，从大趋势中看到风向，快速掉头。企业会在内部营造出危机感，传递这样的信号：公司的问题很多，公司现在还没有解决生存问题，竞争对手随时会赶超我们，企业虽然已经成立五年，但是整体还没有盈利。在这样的危机氛围笼罩下，员工一旦工作不饱和，就会产生危机感，因为他们知道企业不养闲人，所以就会拼命地工作，拼命地出成绩，让自己能够更稳定，从而摆脱危机感。

执行力强。在确定目标之后，团队对于公司制定的政策和决定会高效执行。在成长型企业，员工的执行力强主要表现在自动自发，大部分工作都是项目制，为了保证项目如期交付，员工加班熬夜赶进度，在接受任务之后就要想尽办法把工作做好，甚至要超出预期。有过创业公司工作经历的人的韧性会比一般的人强，因为他们会和企业一起经历更多的挫折、失败、打击和不确定性。

全力以赴（All IN）。只为成功找方法，不为失败找借口。在成长型企业，尤其是创始人在创立企业之初都会有这种想法，奋力一搏，下入全部赌注。很多创始人在最初会把身家性命全部赌上，赢就赢了，输也就输了。慢慢地，这种理念会从决策层渗透到员工层，员工也会明白，在创业企业，没有铁饭碗，没有安全区，只有 ALL IN 才能让企业走下去，自己也才能待下去。

拥抱变化。为了发展、为了适应市场，企业随时都会调整政策，调整组织结构。一年之内企业要进行两到三次的业务整合和分工调整，所以很多成长型企业是没有固定的组织架构的，一方面是因为组织架构调整频繁，另一方面也是为了保密。这些变化也都是暂时的，随着业务的开展和公司管理的成熟，这种情况也会得到改善。但是每次的变化一定都会带来一系列的问题和动荡，导致员工的稳定性和安全感出现问题，员工会极度不适，企业要做好疏导和解释。

成长型企业文化建设的三大通病

在成长型企业中确实有着企业文化的独特气质和方式方法，但是拥有这些气质不代表就可以有成功的企业文化。成长型企业的管理或者企业文化建设不成功，甚至半途而废的不在少数，其中包含很多自身的原因，也有一些是共性问题。

企业文化被严重稀释

成长型企业的企业文化建设本来就基础薄弱，文化沉淀不够扎实，而人才的快速涌动会加快稀释的速度。市场人才身上带着其他企业的文化基因和特色加入新的企业，他的身上过往企业文化的烙印一时难以淡化，加入一个新的企业之后，他的思考方式、说话方式和做事的方式和现有企业不一样，就会对现有企业文化形成冲击，甚至会有可能让现有企业文化变了味道。举例来说，为了在某一个业务领域实现快速扩张，企业直接从一些大企业里对标团队挖人，挖牛人，甚至是将整个团队都挖过来。被挖过来的团队原有的企业文化烙印已经很深，而且很难在短时间内改变，如果团队坚持原有的文化，不愿意接受和融入现有的企业文化，就会给现有组织带来一系列的问题。

有的企业在半年内可能会连续更换高管，有的高管推崇科技文化，有的高管推崇产品文化，有的高管推崇投行文化，强势一些的高管就开始主导企业文化建设，希望按照自己熟悉的模式来推动。慢慢地，企业内部会出现不同的团队文化风格，甚至相互之间会产生冲突。

要不要员工打卡是很多企业面临的一个问题。曾经一位制造行业的CEO 来找我聊企业文化建设工作时，提到了一个让他头疼的问题。他的企业以代加工为主要业务，在北京和温州都有分公司和厂房。在 2018年前，企业注重工厂管理和传统销售模式，要求员工每天上下班打卡，尤其是工厂工人，上下班必须打卡。到了 2019 年，企业引进了一些高级人才，高管内部产生的第一个分歧就是是否打卡。有一位高管来自国际化的咨询机构，他每天都在外面洽谈业务，不坐班，也不打卡。他认为公司设立打卡机制是对人的不信任，是为了打卡而打卡。另外一位高管来自一家互联网科技企业，也没有打卡习惯，他的工作时间和大部分员工也不一样，他每天 10 点才到公司，晚上 10 点离开公司。由于这两位高管不支持打卡，让人力资源部门比较犯难，如果打卡机制允许特殊情况存在，那对于现有管理层怎么交代？如果是强制要求他们打卡，他们也不会执行，还会引起一些矛盾。

我的建议是，对于工厂工人来说，是需要按照打卡记录来记录考勤的，一定要打卡。至于其他岗位，打卡制度已经没有约束力了，可以尝试更加灵活的制度。推行打卡机制实际上是为了让员工能够准时上下班，不要形成迟到的风气，但对于一家有良好企业文化的企业来说，无论是否打卡，员工都有自觉性，要相信员工。

避免企业文化被稀释的三个建议。

建议一：创始人坚持自己相信的企业文化，不断强化文化基础。企业从成立之初就注重企业文化基因的提炼和强化，建立坚实的文化建设的基础，就不会轻易被外来文化所影响和摧垮。蔚来的创始人李斌把世界上的企业大概分为三类，第一类，风口型企业，企业抓住了好的风口，找准了赛道，顺势就发展起来了，一旦风口过去，或者国家政策发生变化，那么整个赛道的企业都有可能全军覆没。第二类，技术型企业，这种企业就更为常见一些。如果创始人有一项技术、一个发明，就可以依靠这项技术和发明去创业。但是技术最大的问题就是可被复制和抄袭，一旦竞争对手复制了技术，并在原有技术上进行了创新，那么整个赛道的企业排位就会发生变化。第三类，价值观驱动，或者是企业文化驱动企业。风口会过去，技术会被超越，但是如果企业在最初的时候就重视企业文化，强化文化建设基础，越是困难的时候越坚持初心，坚守文化底线，那就一定可以经受住风雨的洗礼，最终成为受人尊敬的企业，成为"百年老店"。

建议二：企业在招聘人才时，尽量选择企业文化背景相似的人才。我认为这点是很重要的，企业需要市场化的人才，更需要志同道合的人才，这样的人才能给组织带来更有益的帮助，能和组织走得更长远。曾经有一位在体制内工作了 20 年的前辈来找我聊企业文化的话题，他分享了自己几段职业经历。在 40 岁那年，他从工作了将近 20 年的央企跳槽出来，去了一家创业型互联网企业。刚加入的时候，他对比他职级高的同事都称呼某某总，这让大家都特别不习惯，他也不习惯比他级别低的人直呼他的名字，因为他觉得这是对他的不尊重。他看到 CEO，会下意识地去帮 CEO 开门；工作中遇到事情，他喜欢用开会解决，员工嫌他太官僚；他接受不了员工之间的沟通方式，他觉得太直接了，有时候直接到让他"很受伤"。即便是在极度不适应的状况下，他依然在这家互联网企业"熬了"一年多。一年后，他决定回到体制内，便跳槽去了一家体制内的传媒企业。原以为他会对这种氛围很熟悉，不需要再次融入。可是，他已经被上一家互联网企业的企业文化所影响，在新东家成了"异类"。总经理说："咱俩年龄差不多，你可以直接叫我的名字。"他就当真了，每天直呼其名，也没注意到总经理不悦的脸色。工作上的事情，他会直接跑到同事工位去说，却换来一句回应："您组织个会吧，会上大家讨论。"开会的时候，总经理还没说完话，他就直接插话表达自己的观点，参会人员都沉默地看着他，总经理就在那里默默听着。结果没过三个月，他就被总经理约谈了，总经理告诉他试用期不合格，理由是不能融入企业的文化。他自己也很郁闷，问题到底出现在哪里呢？问题就出现在，他在不同的企业文化下，用惯有的行为和思维方式去工作。现在，他在一家互联网金融企业，收入比以前有提升，虽然是公司里年龄比较大的员工，但是他已经非常坦然了。他放下了过去的包袱，以归零的心态融入现有的企业文化中。员工们会尊称他为老师，他也很享受这种状态，他和公司的员工一样穿上运动鞋、牛仔裤，背上了双肩包，每天和大家一起下班。当我再见他的时候，整个人充满了活力。

建议三：对于新进员工的文化导入和渗透要及时和快速。大多数成长型企业因为管理不规范，或者是团队规模不够大，忽略了新员工培训，这就导致很多新员工入职以后很迷茫，所以在员工入职后企业要尽快安排企业文化培训，帮助新员工快速了解和理解企业文化。一些重要岗位可以安排导师，建立传帮带等机制，让资深的老人带着新人，加速融入和成长。

■ 案例 2-3

脸书网内部高效工作 PPT 指南 [⊖]

脸书网内部流行着 25 张 PPT，帮助加入的每位伙伴能够第一时间了解公司的工作方式，快速提升工作状态。"不论你如何富有，你都赚不到更多的时间，你也回不到过去。没有那么多的假如，只有指针滴答的时光飞逝和你应该好好把握的现在。"

- 时间常有，时间在于优先级。

- 每天只计划 4~5 小时真正的工作。

- 当你在状态时，就多干点；不然就好好休息：有时候会连着几天不在工作状态，有时在工作状态能连续忙活 12 小时，这都是正常的。

- 重视你的时间，并使其值得重视：你的时间值 1 000 美元 / 小时，你得动起来。

- 不要同时兼顾多任务，这只会消耗注意力；保持专注，一心一用。

- 养成工作习惯，并持之以恒，你的身体会适应的。

- 在有限的时间内，我们总是非常专注并且有效率。

- 进入工作状态的最佳方式就是工作，从小任务开始做起，让工作运转起来。

- 迭代工作，期待完美收工会令人窒息。"做完事情，要胜于完美收工"，Facebook 办公室墙壁上贴的箴言。动手做，胜过任何完美的想象。

⊖ Facebook 内部高效工作 PPT 指南：每天规划真正高效的工作；重视你的时间；动手做，胜过任何完美的想象，IT 时代网（ittime. com. cn）。

- 工作时间越长，并不等于效率越高。

- 按重要性工作，提高效率。

- 有会议就尽早安排，用于准备会议的时间往往都浪费掉了。

- 把会议和沟通（邮件或电话）结合，创造不间断工作时间：一个小会，也会毁了一个下午，因为它会把下午撕成两个较小的时间段，以至于啥也干不成。当看到一个程序员冥思苦想时，不要过去打扰，甚至一句问候都是多余的。

- 一整天保持相同的工作环境。在项目和客户之间切换，会效率低。

- 工作—放松—工作，带来高效：番茄工作法。

- 把不切实际的任务分割成合理的小任务，只要每天都完成小任务，你就会越来越接近那个大目标。

- 从来没有两个任务会有相同的优先级，总会有个更重要，仔细考虑待办事情列表。

- 必须清楚白天必须完成的那件事是什么。只去做那件有着最大影响的事情。

- 把任务按时间分段，就能感觉它快被搞定了。

- 授权并擅用他人的力量。君子善假于物（人）也，如果某件事其他人也可以做到八成，那就给他做！

- 把昨天翻过去，只考虑今天和明天。昨天的全垒打赢不了今天的比赛。好汉不提当年勇。

- 给所有事情都设定一个期限。不要让工作无期限地进行下去。

- 针对时间紧或有压力的任务，设置结束时间，万事皆可终结。

- 多记，多做笔记。

- 进入高效状态后，记下任何分散你注意力的东西，比如谷歌搜索词、灵光乍现的想法、新点子等。如果你把它们记下来，它们就不会再蹦来蹦去了。

文化感知弱

本书提到的文化感知弱包括两个层面：一个层面是员工对公司倡导的文化内容根本就不清楚，另外一个层面是企业文化感缺乏。

很多企业是有企业文化理念的，但是没有做到系统地宣传，到了员工层面几乎都不清楚。有些管理者担心过度地宣传和培训，员工会被"洗脑"，希望能够以润物细无声的方式去让员工感知到企业文化。在万物互联时代，人对新事物的认知过程已经发生了巨大的变化，对新事物的认知已经不再是润物细无声，而是短平快。如果真的要靠润物细无声的方式去传播企业文化，那么企业文化建设的速度远远跟不上企业发展的速度，快速发展的企业，文化的宣传不仅要快速，更要及时。

文化感缺乏，是指在一家企业里面企业文化只是挂在墙上的口号，在日常工作中员工根本没有感知。企业只有文化理念，没有企业文化建设的动作，墙上挂了一大堆的口号和理念，管理层也天天讲文化，可是这些文化理念和员工的日常工作没有任何关联，纯粹是为了挂而挂，为了讲而讲。另外一方面，很多企业的文化建设和企业的风格不匹配，大家感受不到企业文化风格的一致性和连贯性，这也是文化感缺乏的一种表现。比如说，企业是互联网医疗企业，但是企业的文化风格却是动漫创意。

员工归属感和荣誉感不强

企业的文化感知弱，企业文化就会缺乏核心抓手和落地方式，企业也难以形成较高的文化凝聚力和战斗力，员工的归属感和荣誉感也会很弱。

归属感不够，是成长型企业普遍存在的现象。原因很简单，企业成立时间比较短，员工大都是新员工，入职之后，没有接受系统的培训，就赶紧去干活了。在企业工作了一年或者两年之后，有的优秀员工就选择跳槽，差的员工会被淘汰，在这么短的时间里，员工对企业的归属感自然不强。在很多成长型企业，员工的年度离职率有可能到30%~50%，也就是说在一年内，有 1/3~1/2 的岗位经历过换人。有些企业是典型的"三无产品"：无明确 HC（人员编制）计划，无岗位说明书，无岗位要求，企业为了业务发展新设立很多部门和岗位，要快速招人补充进来。用人部门没有想好要招什么人，招聘团队也只能盲目招人，忽略人岗是否匹配，只能等人员招进来了，快速上岗，合适就留下，不合适就换掉。再过半年时间，如果企业里这块业务又不需要了，那么这些员工就被裁掉了。面对这种情况，有同理心的企业，会给予员工合理补偿或者转岗机会，如果处理不得当便会引发劳资纠纷。

荣誉感不强，也是成长型企业通常存在的一个问题。员工在择业的时候比较看重两点，第一点是薪水，第二点就是成长。员工只有在企业得到及时的认可和鼓励，才会愿意继续在企业发展和做出贡献。相信大部分员工都愿意把自己在企业获得过的荣誉陈列出来，摆在办公桌上，这不光是一种展示，更是对自己价值的肯定。

市场竞争就是人才的竞争，花大价钱可以挖到人才，但是创造归属感和荣誉感才能留住人才。华为的荣誉体系人尽皆知，包括华为人自己都不知道华为到底有多少荣誉。对于荣誉感打造，在华为创建之初，任正非就提出荣誉体系搭建计划。而这种荣誉不仅仅是精神荣誉，更是物质激励和组织认可。

■ **本章回顾**

1. 在成长型企业，创业文化、创新文化和狼性文化是企业文化的三个显著特征。

2. 成长型企业也存在文化建设通病，由于文化基础薄弱，人员的流动率很高，文化被稀释严重；因为前期忙生存，很多创始人没有意识到企业文化建设的重要性，导致企业的文化感知弱；因为文化被稀释严重，文化感知弱，最终会导致的员工归属感和荣誉感不强，整个企业缺乏凝聚力。

第 3 章

企业文化建设的三种模型

从这一章起，我们开始分享企业文化建设的实操经验，了解不同核心要素的文化建设模型，不同模型形成的原因、建设的逻辑、落地的形式和适应的行业。

以管理驱动的金字塔模型

以管理驱动的金字塔模型结构有三层，对应的是公司的组织架构。金字塔模型的核心是企业文化核心理念，组织结构逐级往下，塔尖是总部职能，中间层是区域公司，最底层是一线 / 基层组织。不同层级在整个文化建设体系中的功能是完全不一样的。金字塔模型更适合相对传统型行业，如地产行业、制造行业、物流行业、酒店和旅游行业。这种模型对组织的管理能力要求非常高，要有良好的管理基础和强大的管理平台来做支撑。金字塔结构有一个显著的特点：**自上而下，推动力强。**

金字塔模型的构成

金字塔模型如图 3-1 所示。

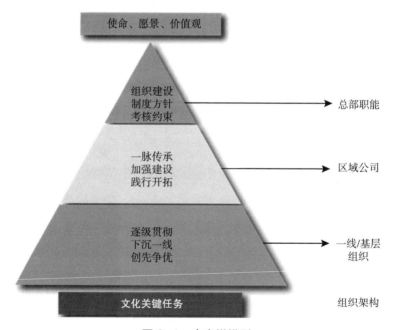

图 3-1　金字塔模型

塔尖对应的组织架构是总部职能，就是企业的大脑。总部在企业文化建设中的主要角色和职责是建章立制，建立和健全公司的管理制度，明确企业的管理方针和管理方向，制定年度考核和评价要求，搭建平台并自上而下地推动。

　　在以管理驱动的组织里，企业文化建设工作基本由三个部门牵头落实：总经理办公室、人力资源部、党群工作部。文化建设牵头部门还会协同其他部门一起建立一套完整的工作程序，从方案制订到落地推动形成一个管理闭环，逐渐地建成具有企业特色的企业文化运行机制。企业还会把企业文化建设纳入总体发展规划和领导者的考核目标，在内部定期组织的战略会议和年度规划制订中，企业文化建设工作内容占有一定比例。

　　中间层对应的组织架构是区域公司，是重要的腰部力量，既要对上承接，也要对下推动。中间层也是中台，既要贯彻上级政策也要指导下一级制定制度和流程，对上要贯彻和执行总部的要求，对下要清晰地传达并给予足够的支持和辅导，同时也要明确对下的管理和考核要求，对上要打通，对下要打透。

　　最底层对应的组织架构是一线 / 基层组织，即经营单位，主要的角色是贯彻和执行，确保企业文化建设工作能够下沉到一线，同时创先争优，做得有特色，让区域和总部领导看到。企业文化工作做得好不好，去一线走一圈就能感知到，一线才看得见企业文化最真实的样貌。为了保证企业文化能够在基层经营单位落地，必须要建立基层组织，要有一个部门承担企业文化建设的角色，能够和总部建立联系，确保沟通和汇报的畅通。在落地过程中要使企业文化理念与管理行为保持一致，保证管理行为与战略发展匹配。

　　以管理驱动的企业，最大的特点就是稳，发展稳定，管理稳定，架构稳定，变革稳定，不会大开大合，也不会大起大落，因此企业文化建设的方式和节奏也是稳定的。企业通过建立体系从而建立高效协同的企业文化和工作流程，确保企业能够健康持续地发展。因此，企业文化建设的节奏和步伐也是稳扎稳打，从理念梳理到体系搭建是一个有规律的全流程的建设。

金字塔模型企业文化建设的四个重要阶段

阶段一：梳理核心文化理念

在企业文化理念梳理工作中，比较常见的方式是理念提炼六段法：调研—分析—定位—提炼—讨论—确定。第一步，前期调研。具体方法是访谈和问卷，通过员工访谈、员工代表座谈会、老员工访谈、关键岗位访谈、高管访谈等方式进行全方位、大规模的访谈，再结合问卷调研拿到数据统计。第二步，调研分析。收集和整理公司的发展历史、集团文化基因、同行业的优秀文化基因和公司的未来发展战略资料，将公司战略要求、管理要求、企业文化要求和员工对企业文化的诉求与访谈和问卷的数据相结合，完成诊断和分析。第三步，文化定位。根据调研结果给出一个方向和定位。第四步，内容提炼。从公司的使命、愿景、经营理念、发展理念、品牌理念、员工理念、价值观等方面进行提炼和内容阐述。第五步，内部讨论。内容讨论的过程会比较漫长，需要相关决策人对提炼出来的内容逐字推敲、反复确认。讨论和决策过程的总时长最好控制在半年时间内，这样整个企业文化梳理工作的节奏感不会乱，也能确保前期调研数据的时效性。第六步，理念确定。最终的文化理念的讨论稿要经过公司核心管理层确认，达成共识。在理念确认之后，在企业内部组织企业文化宣讲会，正式发布确定后的企业文化理念。

阶段二：强化理念认知

这个阶段的文化工作目标是在员工中传播公司的核心文化理念，核心抓手就是宣传和培训。具体做法可以分成以下两类。

正式传播。在新员工入职培训中，第一节课要讲企业文化，在员工入职后的第一时间告知员工企业倡导的文化理念和具体要求。企业文化沉淀比较久的企业，会在培训教材里面融入大量的企业案例和文化故事，文化故事有正面也有反面，既有鼓舞人心、感动人心的故事，也有警钟长鸣、引以为戒的故事。通过正反两方面的结合，让企业文化理念更通俗易懂，具体要求更加明确，深入人心。

新媒体传播。进入 21 世纪以后，纸质媒体的影响力日渐下降，新媒体成为信息传播的主要载体，很多企业都会开通自己的企业文化订阅号或者内部传播平台，目的就是讲故事、讲文化。平台需要有专业团队负责，界面设计感要强，交互功能体验感要好，内容也要精心策划，可以包括：高管讲文化、企业文化进行时、优秀员工和优秀项目采访、企业文化建设工作动态、员工才艺展示等。

新媒体传播对于视觉呈现的要求是非常高的，因此企业要在企业文化标识设计和管理方面做很多工作，建立视觉识别系统（VI）统一对内和对外的宣传标识。同时，企业要约束和规范员工在日常工作中对视觉识别系统的使用要求，传递完整的视觉符号，塑造独特的企业形象。

阶段三：建立文化自信

这个阶段的企业文化建设工作要达成的目标是：制度建设、领导行为的培育和传播网络的构建，核心抓手是建立"宪法制"，打造活动的仪式感。

对于强调管理核心的企业来说，制度建设至关重要。企业文化建设工作相关的职能和组织是必不可少的，要利用好这些组织，在企业日常管理中发挥作用，依靠组织的力量将员工凝聚在一起，做出实打实的事情。

把企业文化写进"宪法"的意思是，不仅要把企业文化建设工作和要求写进企业的管理制度和员工手册，也要写进各个二级部门、区域公司的组织绩效里，成为领导班子成员年度考核的一项重要指标，在企业快速扩张的过程中，业绩好的同时文化建设也要跟得上。

企业高管是企业文化建设第一责任人。高管对于企业文化建设要高度重视，并且以身作则。在企业内部的重要会议上，在内部的各种媒介中，高管要持续反复地强调企业文化建设的重要性，并且逐渐提出更高的、更具体的要求。企业高管也要重视民主管理，积极参加企业内部组织的各项活动，与员工平等，不搞特殊，不搞差别对待，让员工感受到管理层在认真践行公司倡导的企业文化理念。

设立专职岗位负责企业文化建设工作。从总部到二级单位都要有专职人员负责文化工作，可以是一岗多职，也可以兼任，但是要有明确的文化对接人。专职岗位负责制订公司的年度企业文化方案，并接受考核。

建立年度文化建设的考核机制。考核机制里面既包括公司级的规定动作，也包括各个业务单元自己制定的自选动作，考核可以分为半年考核和年底考核。总部要深入各个经营单位去进行考核，通过查阅工作资料、访谈和交流等方式考核，还要通过"闻味道"的方式去感受。通过几天的理性考核和感性走访，能判断出经营单位的整体企业文化氛围、员工的满意度和企业文化建设的健康程度。通常来说，经营业绩优秀的企业，企业文化建设工作也做得到位，员工工作氛围好，满意度也很高。反过来，业绩落后、管理不善的企业，企业文化建设工作通常也是落后的，团队氛围也很差。我曾经遇到过这样的情况，在总部前往经营单位考核之前，经营单位提前和员工对台词，要求员工在被访谈的过程中按照话术来回答问题，临时制造档案材料，临时加设墙面文化，调整办公室布局。但这些虚假行为在访谈过程中都会被发现。

我在金茂集团工作时，每年的企业文化工作考核都是重头戏。集团内部的一个区域公司，经营业绩一直处于中下游。在我们访谈的过程中，发现整个组织活力很差，员工精神状态不好，办公室氛围也比较沉闷。在做资料调研时，我们又发现资料虽然齐全，但是补写的痕迹很严重，材料内容也基本上是从网上原封不动下载的。在做员工访谈时，员工们回答的内容非常相似，不像是发自内心，更像是背下来的，虽然嘴上说着公司各方面都好，但是眼神飘忽不定。直觉告诉我们该区域公司在管理方面有问题。

而我们去的另外一家区域公司，经营业绩一直都是名列前茅，访谈时遇到的情况完全不一样。我们进入办公室就能感受到浓浓的文化氛围，文化可视化做得好并且是经过时间积累的；员工的工作状态好，非常有活力。在做访谈的时候，每位被访谈者都是有感而发，由衷地认可企业，认可总经理的为人，主动分享很多真实的故事和案例，我们能感受到员工在和企业一起成长。

阶段四：注重文化践行

先有认知才有认同，有认同才有践行，有践行才能达成。这个阶段企业文化建设工作要达成的目标是：员工行为自觉一致，践行企业价值观，建立优秀的员工队伍。主要抓手是行为规范、榜样力量和培育特色文化，可以采取以下几种方式。

把价值观考核纳入员工绩效考核。企业管理者都能意识到员工的工作表现不仅仅是看业绩，也要看价值观，但是怎么考核确实是一个"老大难"。在我服务过的几家企业中，对价值观考核的态度不一样，做法也不一样。大概有三种做法：把价值观作为系数纳入绩效考核；把价值观作为红线纳入绩效考核；把价值观作为参照标准，并且不与晋升、评优、奖金等实际利益挂钩。不管采用哪种做法，诚信正直要作为一票否决项，如果员工诚信正直这项分数为零，那年度绩效考核结果就是零。

把身边人树立成榜样。我们要传递一种价值观，就要打造一种人设，或者是具象化一种形象，在企业里，员工就是体现这种价值观最直观的形象。通过组织年度优秀员工评选和表彰活动、撰写优秀故事等多种形式，对优秀员工的优秀事迹和突出贡献进行专题报道，传递正能量，传递企业价值观。优秀员工的物质奖励不一定要多，但是在精神奖励上一定要做到 100 分。

培育特色文化，促进企业发展。在有了清晰的理念、成熟的体系之后，企业就可以根据企业的特点培育一些特色文化，这里说的特色文化，是基于企业的实际情况去规划和设计的，例如，绿色文化、廉洁文化、程序员文化、创意文化、"说不"文化等，并在这些特色文化上把文章做足，做到制度里。

以技术驱动的房子模型

以技术驱动的企业的组织架构更加扁平化，在这类企业里有一个最大的特点，就是技术为王，谁是技术大牛谁的影响力就大，谁就更有话语权。所以，这样的企业做企业文化建设工作就不能像以管理驱动的企业那样自上而下推动并层层落实了，而是要基于业务的需求让企业文化自下而上搭建起来，在业务部门建立群众基础，再加上有意识地引导和培育，让业务的特色文化的影响力越来越强，从而带动和影响更多的部门、更多的团队，逐渐在整个企业内落地。

房子模型构成

房子模型相较于金字塔模型来说，结构更加立体化，内容更加产品化，如图 3-2 所示。

图 3-2　房子模型

房子模型的屋顶是企业文化理念，为企业文化建设挡风遮雨。屋顶下面的横梁是企业文化建设年度关键词，每一年企业文化建设工作都要有关键词，也就是企业文化建设工作的导向或者是方向。横梁的下面就是支撑房子稳固的支柱，每个支柱的作用都结合了企业发展要求。房子模型将企业文化建设工作清晰地分成了几个支柱，甚至可以更多，每一根支柱都坚实有力，既是企业文化落地的支柱，也是打通整个体系最重要的组成部分，各个模块之间的分工清晰合理，独立且完整。

房子模型是自下而上搭建起来的，是从有需要的地方开始设计和构建的。也就是说，最初在设计企业文化建设模型的时候，是根据企业文化现状和实际需求去切入，逐渐搭建起房子模型的。

房子模型落地形式

第一根支柱：文化制度。这根支柱最主要的目的是建体系，塑荣誉。文化制度建设的最重要的原则就是结合企业管理。文化制度里面可以包含三个重要的内容，第一个是组织建设，建立符合企业特色的文化组织，作为企业文化建设的主体，比如文化工作小组、文化社、价值委员会等。第二个是荣誉激励体系，包括：奖项设计、认可形式、激励方式、传播方式等，通过荣誉激励体系的搭建持续加强企业文化的渗透和牵引。第三个是价值观考核，将价值观考核用于管理红线，或者融入员工的绩效考核，通过业绩和价值行为双维度考核员工，强化价值行为要求。

第二根支柱：文化传播。这根支柱最主要的目的是丰内容，拓渠道。文化传播最重要的原则是加强文化牵引，培育员工思维。这里要说明一点，房子模型中的文化传播和金字塔模型中的文化传播概念不一样。金字塔模型中的文化传播，政策性和指向性更强，要求传播内容正确且准确。房子模型中的文化传播要更具有趣味性和参与感，包括四部分内容：文化培训、文化宣传、文化传媒和文化可视化。

内容一，文化培训。新员工培训项目中最重要的内容就是企业文化培训。企业文化培训在形式上可以设计拓展培训、优秀员工面对面、职场参观等体验感比较强的项目；在内容上可以设计线上 H5 游戏 ⊖ 或者是线下闯关打卡，员工通过参与游戏闯关可以了解企业文化内容和企业发展历程，还是很好的沉浸式体验。内容二，文化宣传。这里的宣传更加尊重员工作为独立个体的重要性，邀请创始人亲自去讲文化，可以利用文化故事会、案例集或者是人物传记等方式去讲文化故事，树立典型。内容三，文化传媒。这是指企业的内外部平台建设或者是传播渠道，比如内网、app、公司订阅号、自媒体等可以传播企业文化的平台。内容四，文化可视化。这包括企业的墙面文化、桌面文化、软装文化等，要在其中融入企业的文化元素和调性，可视化的目的是通过改变员工的工作习惯，进而改变员工的思维。

第三根支柱：文化沟通。这根支柱最主要的目的是注活力、破壁垒。文化沟通最主要的原则是夯实组织。文化传播和文化沟通有什么区别呢？文化传播更侧重于单向的信息传递，通过传播的方式将企业的理念、想法和要求逐层地扩散出去。文化沟通意味着共情，更侧重于双向信任的建立，通过建立沟通渠道和机制，让企业能够和员工直接对话，发现员工的诉求，统合综效，解决实际问题。

沟通要本着真诚、透明的原则，做到及时沟通和分层沟通，不能"大锅饭"，这一点和管理驱动的组织不太一样。在管理驱动的组织里，沟通的方式比较单一，通常就是开会，会议传达，上传下达，忽略了受众群体的接受程度。这种单向、被动的沟通方式容易帮助领导树立权威，但是员工容易沉默。在房子模型里，企业针对不同的人群要有不同的沟

⊖ H5 是 HTML5 的缩写，H5 游戏是指移动端的 Web 游戏，以轻度休闲的小游戏为主，无须下载软件即可体验。

通方式，对待高管、中层管理者的沟通方式不同，对待一线员工、中后台管理和支持部门员工的沟通方式也不同。

针对核心成员的沟通应该专注在责任心打造和领导力提升上面，通过提升领导力和专业能力，扩大核心成员的视野。可以利用小范围的沟通会增进感情，达到形成共识和产生合力的目的。裸心会的沟通形式在这个层面实践会比较有效。裸心会起源于阿里巴巴，既不是吐槽大会，也不是批斗大会，可理解为打开内心，真诚沟通，了解彼此的交流会。裸心会关注人的情感与连接，通过创造一个足够安全的场域，设计引人深思和富有创造力的结构性对话，鼓励个体自我反思和省悟，帮助团队最大限度地激发团队成员的天赋和积极能量，实现群体之间更深层的信任与融合。组织裸心会的目标是让参与者能够敞开心扉展开对话，通过对自身优缺点的清晰认知，促进大家相互理解、相互包容，成为更好的领导者或管理者，使其自身和所在组织都能获益。所以裸心会既是真心话和大冒险，也是参与者之间的灵魂碰撞。

针对中高管层面的沟通要注意管理方式和沟通技巧：①统一思想。如果说企业治理难，首先要看中高管层面的思想是混乱还是统一。如果这个层面思想没有统一，企业治理起来确实非常难。定期组织管理会议非常有必要，尤其是在企业经营的关键节点上，比如，年度目标设定会议、战略修订会议、季度回顾会议、年终总结会议，利用这些重要的会议去及时纠偏，统一目标，统一思想。②有效管理。中高管层面作为企业的腰部力量如果存在管理水平参差不齐的现象，很容易造成团队管理问题，导致员工不满、吐槽甚至消极怠工。因此针对这个层面的沟通要多花精力，多投入。利用主题培训、团队学习、企业参访等方式，持续提升管理层的能力和认知水平。③设立考核机制。针对中高管层面绝对不能无为而治，只有设计合理的机制才能做到有效治理。除了绩效考核外，针对管理层的考核要加上价值观维度考核和 360 度评估，多维度和多权重，让考核结果更有信服力。对于考核结果优秀的管理者要及时激励，对于待改进的管理者要制订改进计划，对于不能胜任的管理者要及时淘汰。

针对员工层的沟通一定要采取自下而上和自上而下相结合的方式。自下而上可以利用自由发言的对话平台，让员工有八卦和吐槽的机会。在这些平台上，员工可以随意交流。对于员工提出的疑问、揭发的问题，企业要积极回应，不能敷衍。曾经有位创始人谈到企业设立内部论坛的初心时说："企业设置员工内部论坛的目的不是消灭声音，而是让问题显现出来，让员工吐槽和发泄。"

除了线上平台，还要创造更多管理者和员工线下沟通的机会，比如员工大会、创始人面对面等活动。管理者在活动中一定要放低姿态，对员工所提的建议一定要认真考虑和回复，维护建言献策的积极性，根据合理性和重要性进行必要的奖励。有些创始人会很苦恼地说："我们公司也有这样的活动，但是我听不到真话。"笔者个人认为，并不是创始人听不到声音，而是不想听到，从而有意识地屏蔽了沟通渠道。内部的沟通会一定要透明和真实，沟通会不是夸夸会，不是用来宣扬公司业绩的，而是要让公司的动态、问题和计划能够及时、公开地展现在员工面前，好就是好，不好就是不好。透明的沟通有着惊人的威力，可以及时发现管理偏差及时纠正，可以及时预判项目管理风险，也可以调动员工的主观能动性和企业一起来解决企业的问题。

第四根支柱：文化传承。这根支柱最主要的目的是添动力、助传承。这是希望通过文化传承来营造氛围，带来行为的改变。传承企业好的、经典的文化项目，每年再赋予新的含义持续地做，打造出公司级的文化传承经典项目，使之成为公司的企业文化符号，比如周年文化、主题节日、马拉松比赛、攀岩大赛等主题活动。企业文化活动是可以给员工留下深刻记忆的，我们发现一个有趣的现象，在做员工访谈时，请员工回顾过往一个难忘的文化瞬间，80%的员工会分享一个令他们印象深刻的活动。

以上就是一个完整的房子模型的构成，从屋顶到支柱，每一个部位都有重要的作用和内涵。房子模型在内容和结构上可以持续升级、不断进化，员工的喜好在不断变化，文化呈现的形式也要跟得上变化。

以用户驱动的轮图模型

彼得·德鲁克说过："企业的真正目的是创造和留住客户。"如果说管理是手段，产品是竞争力，那用户应该是企业的核心。管理会滞后，技术会被迭代，外部环境越发动荡，只有企业所做的一切都是基于不变的人性，用好的产品和服务与用户建立深层次的连接，和用户互利共生，用户才会永远陪伴你。

以用户驱动可以理解为：企业里每一个岗位都拥有用户意识，用自己的专业知识不断地为用户创造价值。企业不仅要用产品和服务来满足用户需求，还要讲好故事，用情感陪伴用户成长。企业通过培育核心用户来扩展用户圈层，让每一个用户都成为企业真正的支持者。以用户驱动的模型更像是一个轮图，价值观就是这个轮图的核心，如图 3-3 所示。

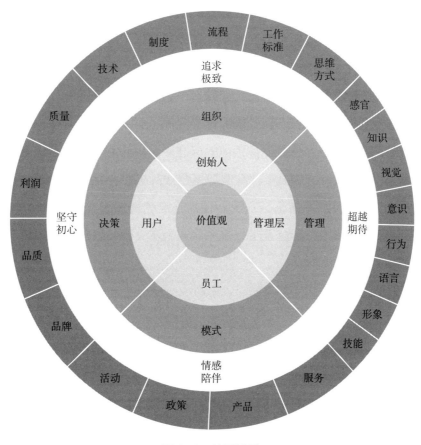

图 3-3　轮图模型

以用户驱动的核心内容

　　以用户驱动的企业里面，员工说话和做事都围绕用户体验，关注如何用极致的产品和服务为用户带来无与伦比的体验。除了意识层面，还有组织层面，企业要建立以用户驱动的组织结构，把用户驱动的理念变成工作流程，变成工作方式，变成员工工作评价的机制，变成激励和认可的标准。

以用户驱动的企业越来越多，在近几年，关注度比较高、比较有代表性的企业包括星巴克、迪士尼、爱彼迎和蔚来等。星巴克"将心注入"，迪士尼"点亮心中奇梦"，爱彼迎"让人们在任何地方都有归属感"和蔚来"创造愉悦的生活方式"的理念，引发了各行各业的思考。这几个企业所处的行业不同，创始人的背景不同，但是在企业文化建设方面却有很多相同之处，也有很多相似的标准。最核心的一点就是认为"价值观"远胜过"商业模式"，价值观是企业的核心，用价值观驱动每位企业成员自动自发地做事。在遇到任何困难和选择时，都坚守价值观，坚守初心，坚持用户利益至上，坚持以人为本，不做任何损害用户和员工利益的行为。

轮图模型的四种角色

以用户驱动的轮图模型中一共有四个角色，每一个角色都至关重要，每个角色相关的链条都不可缺失，只有环环相扣，才能构建成一个完整的轮图模型，才能让以用户驱动的美好理想成为现实，这四个角色分别是：创始人、管理层、员工和用户。

创始人既是造梦人也是引领者。有一句比较受争议的话叫作：企业文化就是老板文化。对于这句话，狭义的理解是指一个企业的企业文化是以老板为中心，不容别人有反对意见。但是这句话要辩证地看，因为创始人的思想和价值观对企业的影响是深远的，错误的价值观会把企业带向深渊，而对社会有价值的价值观能推动企业走得很远。创始人的责任就是把企业的价值观铭刻到他自己肌体之内。随着企业不断壮大，创始人的角色也在不断演变，从最初的梦想者、创业者，到职业经理人，再到企业家，最后是优秀企业领袖。在用户驱动的企业里面，创始人要坚持企业最根本的宗旨就是把用户利益放在第一位，用户满意不是手段，而是企业存在的意义。

管理层是理想的推动者。创始人有了美好的理想，就要建立杰出的管理团队并找到有强烈意愿的合伙人共同去实现这个理想。管理团队组建的过程非常难，找到对的人也很难，但是一定要持续去找这样的人，建立杰出的管理团队，而且要确保团队成员和创始人一样，把价值观放在最核心的位置。在 2000 年，霍华德·舒尔茨从星巴克首席执行官的位置上退了下来，转而关注公司全球性战略扩张策略。但是情况发生了巨大的转变，核心管理层由于过分追求增长，忽略公司运营，对公司的核心价值也不再那么重视，从 2007 年开始，星巴克开始走下坡路，各种负面评价纷至沓来，星巴克的品牌受到了前所未有的质疑。2008 年，霍华德·舒尔茨为了挽救公司，再次出任首席执行官之职，重申价值观，再次把用户放到最重要的位置，两年后星巴克创造了历史上盈利最高的财务纪录。

员工是梦想的践行者。创始人和管理者对于企业的发展拥有发言权和决策权，但员工才是真正集中体现用户触点的地方，员工的一举一动都代表着公司的形象。在每一个用户触点上，员工呈现出的工作状态、说出的话语、提供的服务都会对用户体验造成决定性影响。只有员工真正把用户当成朋友，设身处地为他们着想，用户才会和员工建立信任，从而与企业建立更深层的连接。一个企业的员工如果是快乐工作，把自己的工作当作最重要的事情，赋予工作神圣的使命，那他对待用户的态度是完全不一样的。

用户是核心。在这个消费升级时代，人们对于消费的需求不再是物质需求，而是日益增长的精神方面的需求，"情感"在消费决策中发挥的作用越来越明显。如何和用户建立情感连接，是企业需要思考和关注的。在同等优质的产品和服务的前提下，用户更注重情感体验，宁可多花钱，也愿意为更好的情感体验埋单。企业需要将"专业技能"扩展至情感沟通层面，才能和用户建立起情感"强连接"，一旦我们和用户建立了情感连接，用户就会认可，就会主动传播，为企业宣传，企业就有了支持者，有了粉丝群体。

　　世界上有一种车主叫蔚来车主，有一种粉丝叫蔚来粉，一旦他们接触蔚来的产品和服务就会被它深深吸引，一旦买了蔚来的车，就会成为蔚来的铁粉。而在 2020 年之前，蔚来车主都经历过不被理解的过程，承受着巨大的心理压力。蔚来每年都会为用户举办 NIO Day，就是车主的年会。在 NIO Day 上，车主原创的节目、新品发布、产品服务最新政策、明星出场，各式亮点层出不穷。在 2019 年的 NIO Day 上由蔚来车主组成的"蓝天合唱团"编唱一首歌曲，歌曲名叫"电动车主的自我修养"。歌曲自嘲买了蔚来汽车之后面临的一系列问题，比如"补电要拖辆油车，牛屋投一亿接客，长安街上也趴过窝，股票跌到剩一块多"。但是歌曲的下半段表达了自己买了蔚来车以后并不后悔，不管外界怎么看他们，怎么阻止他们，他们依然坚决支持蔚来。不光自己买车，有人推荐亲朋好友买车，有人入手蔚来的股票，有人投资了蔚来的线下门店。尤其是在 2019 年蔚来最难的时候，是车主们联合起来帮助蔚来走出困境。历届的 NIO Day 都成了大型粉丝见面会，蔚来创始人李斌进场的时候被粉丝簇拥着一起合影，蔚来的很多车主都不追星，但他们都把李斌作为偶像，因为李斌视用户为朋友。[⊖]

　　⊖　资料来源：公司内部材料。

轮图模型文化四核

在轮图模型中，有四个要素，分别对应着企业的组织、管理、模式和决策。想要做到以用户驱动，就一定要坚持做好这四个要素：追求极致，超越期待，情感陪伴，坚守初心。

追求极致

对极致的追求不是追求美，而是追求完美。美是对细节的苛求，好产品大多是在追求极致体验的高压下被逼出来的。对于细节的渴求会被误读，很多时候会和"鸡蛋里挑骨头""挑刺儿"联系起来。因为追求极致不是做到 100 分的标准，而是要做到 120 分的标准，不断提高要求，延迟满足感，在更大范围里找最优解。追求极致的过程也是能力持续提升的过程，不放过任何一个细节，不忽视任何一个问题，找出最优的解决方案，同时深刻思考本质，会给企业和员工带来持续学习和成长的动力。

迪士尼的烟花是游览迪士尼乐园的游客最难忘的一个体验，但是大家可能不知道，每场烟花秀都会有工作人员去数一共响了多少下，确保没有哑弹，确保每一场秀都是 100% 的安全零事故。唯一有记录的一次是香港迪士尼乐园在烟花秀结束后，发现了一个哑弹，乐园立刻封锁整个区域，所有的工作人员集体寻找哑弹，直到凌晨五点找到了那颗哑弹，确保第二天可以正常开园。

完美是精益求精的结果，没有极限。对于追求极致的企业来说，精益求精体现在产品设计和研发阶段的标准制定上，要确保产品上市的时候已经是极致的了。在极致的基础上，再根据用户反馈，不断打磨，追求卓越。很多从互联网公司跳槽到蔚来的员工在刚开始会有极度的不适应感，适应不了蔚来对于精益求精的极高标准。举一个最简单的例子，做PPT是蔚来人基本的工作技能之一。蔚来对于PPT制作要求非常高，公司不仅有专属的、统一的内部PPT模板，包括配色、插画、符号、背景和配图等都会有一个完整的素材库，另外，对于排版、文字的要求也是零瑕疵。在和创始人沟通材料的时候，对方会先看PPT设计和排版，提出很多细节的问题。有人会犯嘀咕，对PPT要求这么高简直就是内卷，创业公司要的是快，有必要对PPT要求这么高吗？在创始人看来，工作中的每一个细节都在践行公司的价值观，对美的要求体现在方方面面。

超越期待

体验经济时代，用户不仅关注产品，更关注消费带来的愉悦体验。企业和企业之间的竞争，最终角逐的有可能是用户体验。各行各业都在关注用户体验，提供服务的整体过程实际上就是创造良好用户体验的过程。要让用户对产品满意、对服务有更好更高的评价，都应该从提升用户体验入手。超越期待，是能够在用户的每一个触点上，为用户带来惊喜，给用户一个美妙的、惊喜的、物超所值的服务感知，并持续创造惊喜感。

创造良好的消费者体验，是爱彼迎提倡的首要目标，也是企业文化中的重要组成部分。为了改进用户体验，他们借鉴了迪士尼故事栏（Story Board）的方法。通过创建故事栏，将用户体验可视化，为用户提供更好的服务。他们改善体验重点体现在三个方面。第一，头脑风暴，将用户从第一次听说，到最后留下用户反馈，包括在整个服务过程中经历的不同阶段的体验点罗列出来，写在便利贴上，并将它们都分类贴到框架里，整合意见，发现那些集中和能产生巨大共鸣的部分，形成一个清晰而简洁的框架。第二，详细列出关键时刻，分组归类，提炼出框架，最终形成一个简洁的方案，里面包括 15 个瞬间，既相对全面，又比较可控。第三，脚本设计，他们从皮克斯动画工作室聘请了一位动画师来设计"分镜头脚本"。通过用户体验可视化，爱彼迎明确了消费者在不同情况下的各种期望，以及如何满足这些期望，确定了为消费者创造意外惊喜的点，让消费者不断拥有惊喜时刻。⊖

　　一些人会有收集星巴克杯子的爱好，这也是另外一种情感体验的体现：我喜欢星巴克的咖啡，我喜欢星巴克的杯子。前提是星巴克的杯子质量好，颜值高，不断推出新款，既有小朋友喜爱的款式，也有年轻人喜爱的款式，还有办公室白领喜爱的款式。用户走进星巴克买一杯咖啡，等候的时候在展架前面停留一会儿，欣赏一下漂亮的杯子，也是一种愉悦的享受。2019 年 2 月，星巴克推出的"樱花杯"系列的"猫爪杯"火了一把，深受爱猫一族的喜爱，为了买到这个限量版的猫爪杯，很多消费者连夜排队购买。猫爪杯只接受预定，且每天限量 1 000 至 3 000 个，结果一个普普通通的玻璃杯从原价 199 元炒到了 600 多元。

　　在迪士尼乐园里，每一个演员随时都处于"角色状态"，确保游客游园体验的完整性。米妮在合影时如果离开，会告诉游客她要去看厨房的蛋糕烤好了没有；蜘蛛侠不在时，工作人员会告诉询问的小朋友他拯救世界去了。一位又一位的一线工作人员不断接力通过一个个普通细致

　　⊖　白雪公主计划：Airbnb 就这样提升了消费者体验。

的沟通来增强游客们对童话世界的体验。当你耳边听着《冰雪奇缘》主题曲，看着一个个形象逼真的卡通人物坐着巨大的花车向你驶来时，你会有一种幻觉，这儿就是魔法王国。

情感陪伴

把员工当伙伴。"员工"这个词在互联网时代在逐渐消亡，取而代之的是：伙伴。而真正做到情感陪伴的企业不只是把员工当作伙伴，是把员工当作事业的合伙人，是成就事业必不可少的一分子。公司真心对待每位伙伴，不仅体现在员工的成长和关怀上，体现在薪酬上，还体现在股权激励上，更体现在公司遭遇困难时依然能够换位思考、妥善处理员工的利益的态度上。把员工当作真正的事业伙伴，给员工最大的激励和信任，让员工感受到公司真诚的激励和完全的信任，工作就不再是工作，而是事业。当舒尔茨重新创立星巴克的时候，他就发誓：星巴克不仅要创造财富，还要让每个参与工作的员工都得到应得的利益和尊重。从1988年开始，星巴克就开始给所有员工，包括兼职员工购买医疗保险，包括疾病预防、意外事故、心理健康、化学品接触等，保险内容甚至涵盖了眼睛和牙齿，后来更是将保险范围扩大至员工的父母，为他们购买重大疾病险。星巴克2008年遇到了危机，当年7月净亏损670万美元，但是舒尔茨却没有选择砍掉一年3亿美元的员工医保费用来降低成本。⊖

蔚来是全员持股，每位蔚来员工都拥有蔚来的股份，而且每年都会增加授予。蔚来的员工福利在创业公司里应该是有竞争力的了，除了愉悦的办公环境，全面的员工福利，五险一金的系数全额缴纳，还给员工

⊖　舒尔茨，扬. 将心注入：一杯咖啡成就星巴克传奇［M］. 文敏，译. 北京：中信出版集团，2015.

上了补充住房公积金。补充公积金作为一项福利政策，蔚来按照较高的 12% 的比例缴纳。在 2019 年蔚来最难的时候，蔚来想尽了一切办法开源节流，可距离把蔚来救回生死线还有一些距离，人力资源部决定削减一些员工福利包括补充公积金。为了确保稳妥，在公告发布前，人力资源部和部分伙伴代表做了小范围预沟通，但是引发了热议甚至是质疑，在公司外部也引起了不小的波澜。公司为此召开了两次会议讨论，充分听取每个人的意见，李斌对此也非常犹豫。一天晚上他一个人坐在办公室里思考这件事情到很晚，有一个员工从园区办公楼外面的走廊经过时，看到了李斌坐在办公室的背影，那个背影在深夜的园区里显得有些孤独。员工用自己的手机拍了一张李斌的背影照片并发到了内部的论坛上，大家看到帖子后都表示能够理解并支持公司的决定。也是在当天深夜，公司在论坛里做了正式的回复：补充公积金不做调整，再研究下其他方案。[⊖]

把用户当朋友。心理学上有一种理论：我们在收到别人的好处时，都会自然生出回报对方的意愿。特别是当自己的朋友为自己做了件好事时，我们的这份"回报意愿"更可能上升为一种"回报责任"。把用户当作朋友，是一件非常难的事情，因为用户的需求是千变万化和千差万别的，建立信任也需要过程。仅仅在心理上和态度上，把用户当作朋友是远远不够的。还要把和用户相关的每一个触点都设计好，明确每一个触点上工作和服务的标准，珍惜各个用户触点，建立良好的用户关系和情感纽带，并通过数字平台和情感连接计划加深与用户间的联系。

迪士尼深耕客户体验和服务水准，在其内部有四个核心的钥匙：

⊖ 资料来源：公司内部材料。

safety（安全）、courtesy（礼貌）、show（演出）、efficiency（效率），这四把钥匙是迪士尼乐园过去近 70 年运营服务的核心。上海迪士尼乐园于 2016 年开园，是世界第六个迪士尼主题公园。为了迎接开园，员工的总培训时间超过 1 亿小时，建立了 1 800 项运营标准。在乐园的同事有一个专属称谓，不叫员工，也不叫伙伴，叫演职人员。为游客打造一个完美的演出，每一个位置的演职人员都有自己的主题、故事背景和角色设计。从中国的杂技演员，到舞者和音乐主持人，充满活力、多才多艺的演职人员用迪士尼经典的现场娱乐演出使游客在度假区流连忘返。对于演职人员来说，他们每天、每个月、每年都在重复同样的事情，尤其是炎热的夏天对于穿着厚重演出服的演职人员非常有挑战性，我们在社交平台上经常会看到迪士尼可爱的卡通形象中暑后被工作人员扶回到休息区的，走之前演职人员也会有礼貌地和观众们告别。即便这么辛苦，他们还是能做到第一千次、一万次也像第一次一样，因为每一个演职人员都知道，对他们来讲是千次万次的重复，对游客来讲可能是一生当中唯一的一次，他们要保证这一次永生难忘。

坚守初心

有过创业经历的伙伴一定会说创业艰辛，初创期要生存下来很难，发展期要发展顺利很难，在遇到困难和挑战时能够坚守初心更难。选择利益有可能就意味着放弃了企业坚守的初心，选择初心就有可能错失一个逆风翻盘的绝好机会。但是事实证明，坚持初心和坚守价值观的企业才能走到最后。

坚守初心意味着不妥协。2011 年 7 月，一位通过爱彼迎将房子租出去的房东，在房子租出去后被房客洗劫一空，这件事在美国掀起了轩然大波，爱彼迎面临关乎生死存亡的危机。公司决定找保险供应商为平台上的房主推出房主保险计划，爱彼迎和超过 20 家保险公司进行了商谈，但没有一家保险公司愿意尝试这种新形式的业务合作。爱彼迎最后决定自掏腰包，为房主提供 5 万美元的担保金。从 2011 年 8 月开始，爱彼迎就推出 5 万美元的房主保险计划，同时升通 7×24 小时客服热线。在计划推出后，公司收到很多非真实性的保险索赔，但都没造成大的损失。而这种做法很快就化解了房主的信任危机，这次重建信任之后，爱彼迎在平台上挂牌出租的房主数量的增速比以往任何时候都要快。房主保险计划已经成为爱彼迎与房主之间关系的基石。

坚守初心意味着不放弃。2019 年 4 月 22 日起，在西安、上海、武汉和石家庄陆续发生四起蔚来 ES8 车型冒烟、起火事件，蔚来电池安全问题被推上了热议的风口。事故一出，蔚来团队马不停蹄奔赴现场，并按照最高优先级，迅速启动了事故调查。数天之后，蔚来发布了调查结果声明：电池包搭载规格型号为 NEV-P50 的模组，模组内的电压采样线束存在个别走向不当而被模组上盖板挤压的可能性。在极端情况下，被挤压的电压采样线束表皮绝缘材料可能发生磨损，从而造成短路，存在安全隐患。6 月 27 日，蔚来正式公布了部分 ES8 的召回声明，召回涉及车辆总数为 4 803 台，并将为召回车辆更换新的使用 NEV-P102模组的电池包。为了电池安全问题的快速响应，公司迅速组建了快速响应机制，实现了电池问题秒级响应，7×24 小时的应急值班。仅用了 26天，召回了 4 803 辆 ES8，召回完成率 99.77%。当 2020 年蔚来走出 2019 年的低谷，迎来春天的时候，很多人会讨论到底谁拯救了蔚来，大家会说是蔚来拯救了蔚来，而创始人李斌很坚定地说：是用户拯救了蔚来，但一定是因为我们做对了什么。为什么蔚来车主义无反顾支持蔚来，毫无保留地拯救蔚来？最核心的原因就是在低谷时刻，蔚来依然坚守初心，把用户利益放在第一位。

■ **本章回顾**

1. 以管理驱动的金字塔模型是以企业文化理念为核心，搭建一个基层一中层一顶层的三角模型的文化建设机制。金字塔模型的文化建设遵循文化认知、文化认同和文化践行的理论模型，稳步推进。

2. 以技术驱动的房子模型是自下而上，以需求为出发点设计出来的。房子的屋顶是企业文化理念，每年的企业文化建设工作要设计一个关键词，作为当年企业文化建设工作的导向。支撑房子的支柱将文化建设工作清晰地分成了几个模块，柱子的数量可以更多，各个模块之间的分工清晰合理，独立且又完整。

3. 以用户驱动的轮图模型，是未来企业文化建设的趋势，因为越来越多的企业意识到了以用户驱动的重要性。企业想要做到以用户驱动，就一定要坚持做到这四个方面：追求极致、超越期待、情感陪伴、坚守初心。

第 4 章

成长型企业文化建设三部曲：
创业初期的文化破局

创业初期企业文化建设的痛点

创业初期的内忧外患

创业的艰难不是一般人能够想象的，在创业风光的背后，是无限的焦虑和无尽的孤独，只有置身其中的人才能体会创业到底有多难？

行业太动荡，竞争太激烈。在互联网时代，行业动荡成了一种常态，再加上受外部大环境变化的影响，一个行业很可能在一夜之间不复存在。很多行业几乎都是在一夜之间被颠覆，上一秒被称作独角兽的明星创业企业，可能下一秒就被巨头收购。管理者的一个错误决定很有可能让行业领跑企业面临行业淘汰，上个月还是创业神话，下个月就成了反面教材。创业初期的内忧外患主要体现在两个方面。

一方面是因为风口太难捕捉。所谓的风口就是创业企业持续关注的机会点，为了能够找准风口，必须通过产品的不断更迭获取更多用户，赢得市场认可。互联网革命浪潮使整个行业发生了巨大的变化，从早前围绕消费产品流通领域的变革，进入了围绕工业和消费产品生产领域的深度变革。为了能够迎合趋势，企业的经营思路从几年调整一次，加速成一年调整一次，甚至是一个季度调整一次，频繁更换经营思路背后的原因有可能是持续调整发展策略的需要，也有可能是管理层决策的失误。

另一方面是因为巨大的舆论压力和资本压力。创业企业在起步阶段缺钱、缺人、缺市场，融资是创业的第一步，但这一步却迈得并不轻松，以至于有很多创业者止步于此。融不到资，企业就没钱运转下去，而融到资，就能感受到资本的压力。企业一直处于烧钱阶段，还没有看到盈利点，需要靠几轮融资获取更多的资金支持，拿钱抢占市场。

得到 app 创始人罗振宇曾经说过："创业者是在真空中，没有人告诉什么是对的，什么是错的，该往哪里去。"很多创业者即便有心，也无力去做和生存不相关的事情。即便面临再大的风雨，创始人也要有看清方向的能力和思考未来的定力，更需要必胜的决心和毅力。如果想企业经受住风雨的洗礼，并成为一家有稳固根基和DNA的企业，甚至是"百年老店"，这个时候一定要思考企业文化，越是风雨飘摇时，越要看清方向。

企业的现状如此，决定了这个阶段的企业文化建设工作几乎为零，处于"三没状态"：没理念、没人管、没人干。没理念是说企业没有明确的企业文化理念，很多创始人是第一次创业，之前也没有在成熟的企业里面工作过，对于企业文化工作的认知是零。没人管是说整个企业从上到下，各个部门都在忙于生存、忙于拓荒、忙于解决温饱问题，企业文化建设是被放到墙角的事情。没人干是说企业里每个人都是一个人当三个人用，大家都扑到业务上或者是去"救火"，不会有人专职负责企业文化建设工作。

那么这个阶段企业文化工作应该从哪里着手呢？企业文化工作的重点应该是什么呢？

解决痛点的三个要点

坚守初心，留住人心

很多创业者平时专注低头拉车，忽略抬头看路，一旦遇到困难挑战，或者外部诱惑，就会怀疑自己当初的设想是否过于美好，自己的理想是否不切实际，是否应向现实妥协。而一旦妥协或者放弃后，整个企业的发展、业务方向和管理动作，都会变形，员工们也会跟着乱跑一阵，最后发现越跑越远。

这个时间段的人心也是最涣散的，因为如果上层的方向不明确，思想混乱，那么到了员工层面就更加充满未知，充满猜疑。员工一边工作，一边讨论企业什么时候倒闭，哪还有心情工作。所以创始人要坚守初心，留住人心。

如何才能留住人心呢？真正有理想、有能力的人，一定不会为了企业提供的丰盛的下午茶、每天的加班晚餐和 9 点以后可以报销的打车费用而留在一家企业浪费光阴。他们希望跟随有明确发展方向、有抵抗压力和诱惑的定力、有独立思考能力的管理者，与之一起面对困难，解决问题，把不可能变成有可能。

■ 案例 4-1

2019 年蔚来的至暗时刻 [○]

在央视财经频道，有一个人物纪录片叫作《遇见大咖》，蔚来创始人李斌曾经两次上过这个节目。第一次是在第四季，第二次是在第六季。在第四季的采访里，他神采奕奕，侃侃而谈，吸引众多目光。第六季第一期的主人公又是他，较他上一次参加《遇见大咖》第四季已经是两年后的事情。两年后再见他，面对采访，面对镜头，他的眼神里多了疲惫和经历过山车般起起伏伏后的平淡。此时的蔚来刚刚经历过大起大落，经历过至暗时刻，仿佛在 ICU 待了一年。虽然刚刚从 ICU 里走出来，车的销量同比增长都在 100% 以上，毛利率转正。

回顾 2019 年那段至暗时刻，曾经有人把李斌描述为 "2019 年最惨的人"，甚至车主们也都背负了沉重的心理负担。在节目里李斌也坦然说到：创业太难了，不死就是成功。

电池自燃雪上加霜

2019 年 4 月 22 日西安出现了 ES8 自燃事故，武汉、上海、石家庄相继出现自燃事故，虽然自燃事故是由多种原因造成的，但是四起 ES8 自燃事故打乱了所有的计划，外围负面舆论铺天盖地，动摇了潜在用户的信心。蔚来决定召回带有这批电池的所有车辆，而这无疑是在和市场宣布，蔚来的质量有问题。在 26 天里，蔚来从全国召回了 4 803 台车，花费 4 亿多元，所幸没有出现用户伤亡。

○ 案例来源于企业内部资料。

股价跌至冰点

负面看法也体现在了股价上，半年报公布后股价应声跌到历史最低的 1.19 美元，濒临退市，这比大部分员工的行权价都低。每一个人的心中都有共同的一句话：真的是太难了！

内部调整人员优化

因为资金的问题，很多研发工作处于停滞状态，很多岗位不再发挥功能，只能优化人员。为了节省成本，高管们主动降薪；除此之外，人力资源还考虑是否取消补充公积金，如果取消每年可以节省 600 多万元，公司最后决定维持补充公积金不变。

即便是在如此艰难的时刻，依然有大量车主为蔚来站台，拉广告、拉资源、找资金。每个月蔚来依然有 2 000 多台车的销量，也就是说，每个月有 2 000 多个家庭愿意花 40 多万元买一台蔚来的车，去支持蔚来。也是因为有这每月 2 000 多台的销量，让资本市场看到了蔚来可以活过来。李斌说当他自己快要"没电"的时候，就会走到用户身边，用户会给他力量，给他信心，坚定地支持他，让他满电出发。

蔚来始终坚持把用户利益放在第一位，对于员工利益能够维持就不会缩减。在用户和员工面前，创始人们宁可深夜不眠，也要做最后的坚守，坚守初心，留住人心。

轻量化做，营造氛围

这个阶段企业的进化速度会很快，从创始人到管理层，从组织到个人，都要经历若干轮进化。这个时候组织能力还不能支持企业文化建设的高举高打，建议轻量化做，以营造氛围为主。

轻量化做是指在动作和形式上要轻。轻量化做非常符合现阶段企业的现状，如果做得太重，就要投入大量的精力、人力和资源，企业负担不起；如果做得太重，员工的重心会有偏离，会影响工作开展；如果做得太重，这一轮文化建设工作还没结束，企业已经进化到下一个阶段。

营造氛围是指自上而下带动起来。氛围的营造可以通过可视化的方式呈现，也可以通过自上而下的影响力带动员工行动来实现。比如，企业目前倡导节约，如果从创始人到管理层，再到部门负责人都身体力行，那员工也会跟着行动。随手关灯、双面打印、少用一次性纸杯、洗手只用一张擦手纸，等等，有小而美的提醒，也有自上而下的身体力行。最怕的是，管理者倡导员工勤俭节约，自己却铺张浪费搞排场。

抓住关键，时机要对

每个行业都有风口，抓住了风口也就抓住了机遇，会让企业的发展事半功倍，企业文化建设工作也需要这样的风口。

有一位从事皮革制造业的总经理和我沟通企业文化建设工作，每次见面时他会分享他的企业在企业文化建设方面存在的问题或者他自己存在的困扰。他所管理的企业是由他的父亲一手创立的，专门制造高档牛皮革，也有自己的品牌。企业里面很多员工都陪着企业经历了大风大浪，在企业最难的时候，员工们自掏腰包帮助企业渡过难关。经过十几年的经营，企业的奋斗精神十足，目前，在这个细分行业里做得非常不错。在他接管企业后，他想引领一些创新，也想通过企业文化变革推动整个企业升级，但是这个过程中的阻力很大。第一，目前的中高层管理者都是父亲一手培养起来的，管理思路和管理模式早就定型。第二，团队极其稳定，几乎没有离职的，大部分员工都是老员工，跟随企业从创业到立业，即便是工作能力和目前的岗位要求不能匹配，但没有功劳也有苦劳，不能轻易调整。第三，虽然父亲已经退休，但是还会经常参与公司的管理，他作为总经理不能独立做决策。

面对企业这样的现状，我们一起梳理了三点建议。第一点，变革的时机不合适。现阶段的企业还处于父亲所管理的 1.0 企业阶段，从人到组织再到企业文化都已经根深蒂固，不是做文化创新的好时机。第二点，尊重现有文化。如果想从 1.0 进化到 2.0，先要认可和尊重 1.0，作为新任总经理要尊重和融入现有的组织和文化，摸准脉络。第三点，找到合适的切入点，在企业内部找到一个既不影响现有组织的内部局面，但又可以发力的切入点作为试点，如果试点成功了，再由点到面覆盖。不能高举高打，否则会引起不安和骚动。

最后，他选择了一个创新业务板块去试点，在新的业务板块下，他招聘了很多"90 后"的新人，采用新的管理模式，建立了新业务板块的企业文化。

通过企业文化诊断解决痛点

在做企业文化工作之前，最好有灵魂三问：我们是谁？我们去哪里？我们该如何做？也就是明确公司的企业文化理念：使命、愿景、价值观。只有思考清楚这些问题，才有可能让企业后面的每一步的方向都是对的。对于创业企业来说，创业初期做企业文化工作，不要高举高打，而是要轻量化，借助内外部资源去做这件事。

利用内部共创进行自我把脉

内部共创是指通过个人的脑力激荡、小组分享、组合意见、全体参与共同讨论等方式，一步一步将不同的意见汇聚成共识。参加企业文化内部共创会的人员建议是企业的核心人员，包括核心高管、HR 核心团队和老员工代表，这样既有核心大脑来明确方向和做决定，又有老员工对于基层和一线的真实声音的传递和思考，还有 HR 的总结归纳和推动落地。

团队学习法是在世界 500 强企业中比较流行的一种新的内部共创方式。团队学习法起源于行动学习，逐渐演变为一种人才发展与组织发展方法，即在一个专门以学习为目的的背景环境中，以组织面临的重要问题为载体，学习者通过对实际工作中的问题、任务、项目等进行处理，从而达到解决问题的目的。

整个共创过程就是通过行动学习的方式，运用工具和方法，讨论和阐述组织在企业文化建设方面存在的问题。引导师会结合项目实践经验，站在第三方视角，引导大家输出组织核心文化因子，制订文化建设和团队建设的落地方案。

在设定课程目标时，要设定和企业文化相关的目标，示例如下。

- 统一共识：对企业文化建设的共识、对组织现状的共识、对未来行动的共识。
- 理念萃取：萃取、升级企业文化核心理念：使命、愿景、价值观、行为准则。

- 落地模型：通过行动学习确定一套可落地的企业文化建设模型。
- 总结沉淀：培训结束后，要以视觉引导或者视频的方式呈现整个培训效果，作为培训沉淀。

团队学习法的优点是短平快，结果导向，特别适合创业初期的企业。团队学习法可以充分利用企业内部的资源、人力和智慧，完成整个共创过程，既可以统一思想，有内容产出，产出之后的内容更容易在团队内部达成共识，更容易被员工所接受。团队学习法的缺点是缺乏系统性和专业性，容易创造出四不像理念，因为参与共创的人水平不同，对于文化理念的认知也是参差不齐，参与者容易主观做决策，缺乏第三方专业视角做判断和纠偏。

借助外部专业视角进行诊断

企业文化诊断项目可以请企业文化的专业咨询团队承接，也可以借助企业做战略咨询、组织诊断咨询、品牌咨询的时机，把企业文化作为诊断的一部分内容，一鱼两吃，输出文化理念的核心内容。

组织诊断的常见维度

组织诊断主要指由企业外部的咨询专家和内部的经营管理人员对企业状况进行科学的调查与研究工作。通常包括以下几个维度。

企业战略诊断。企业都有自己的战略，会定期制定或者调整战略。企业真正执行的战略与制定的战略是否相同，可以通过诊断的方式进行验证。通过诊断去厘清企业真正的战略是什么、目前处于什么样的阶段、目前执行的战略是否与企业的使命和愿景相呼应。

组织结构诊断。组织结构诊断主要是看企业的组织结构是否能够支持公司的战略发展，企业战略发展所需要的人才策略和人才梯队建设与现行组织结构是否一致，哪些是短板，哪些过于充裕，短板就是接下来要补的内容，充裕的就是接下来要调的结构。

管理体系诊断。管理体系是支撑企业战略落地的重要内容，战略决策要在企业内部的管理体系中落地。管理体系诊断主要是诊断企业现有的管理体系是否完善，尤其是跨部门沟通和协作是否顺畅，评价和激励机制是否公平化和市场化，是否有利于提高企业的工作效率，是否打造了一个公开透明的企业治理氛围，等等。

业务流程诊断。针对企业的核心业务和关键业务部门的运作流程进行诊断，诊断企业资源和管理分配是否合理，是否流畅，过程中是否有断档现象，是否因为业务流不顺畅而引起企业内部巨大的内耗。

企业文化诊断。针对公司的企业文化建设现状进行盘点，梳理文化的核心理念是否清晰，制度建设是否完整，企业文化和企业战略是否匹配，员工对于企业文化的理解程度和认同程度如何，员工是否对企业目前的文化现状感到满意，有哪些需要提升的地方。

文化诊断的三个阶段

有三个重要的企业发展阶段需要组织进行企业文化诊断。

第一个是企业文化理念梳理阶段。这个阶段是企业文化建设的起步阶段，在这个阶段可以组织一次系统的企业文化诊断。通过企业文化诊断明确公司的使命、愿景、价值观等理念和公司目前在企业文化建设方面最大的短板，从而制订行动计划。

　　第二个是企业战略升级阶段。企业战略如果需要升级，说明上一个阶段的战略推动比较成功，企业也随之晋级到了一个新的阶段。新的阶段需要新的战略，也需要新的企业文化建设方式和方法。这个阶段的企业文化诊断，主要是诊断企业文化建设对企业新战略落地的支持力度，核心管理层企业文化践行的程度，员工对于公司的使命、愿景、价值观的认同度，并发现企业文化建设存在的问题和盲区。这个阶段的文化诊断也可以做一些同行业的企业文化工作对标和参访，看一下优秀的同行在企业文化建设方面有哪些可以借鉴的地方。

　　第三个是企业转型阶段。企业转型有两种情况，一种是企业战略成功，已经实现了现阶段的战略目标；另一种是企业战略不成功，企业发展进入了一个瓶颈期或者是滞后发展期，为了寻求突破，企业必须转型。这个阶段的企业文化诊断，更多的是要支持企业的转型。结合企业的转型目标和战略方向，去厘清企业文化建设下一步的方向，同时，为了支持企业发展的新方向，要对企业的愿景和价值观进行升级和迭代。

基于组织能力杨三角模型的组织文化诊断 [⊖]

　　杨三角模型的创立者是杨国安，世界杰出华人管理大师之一。他曾任宏碁集团的首席人力资源官，负责推动宏碁集团的组织变革和领导力发展工作。他是多个公司的独立董事，并先后担任腾讯科技、阿里巴巴、TCL—汤姆逊、VIPKID 等公司的高级顾问。杨国安教授认为，组织能力的培养，需要由外向内地思考，而且要有与战略相关的组织能力，基于自己多年的思考与丰富的管理实践，他提出了著名的"杨三角"理论。

　　⊖　杨国安. 组织能力的杨三角：企业持续成功的秘诀［M］. 2 版. 北京：机械工业出版社，2015.

"杨三角"顾名思义，是由员工能力、员工思维和员工治理三个方面组成的一个三角模型，如图4-1所示。

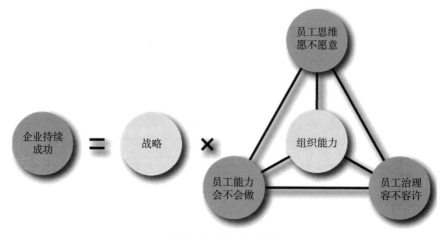

图4-1　杨三角模型

员工能力是指员工需具备与企业要求的组织能力相适应的思维和决策能力。员工思维即员工每天关心、追求和重视的事情要与企业的组织能力相匹配，上到高管，下到普通职员，都要遵循企业的思维模式和价值观，也就是企业文化维度。员工治理指企业要有有效的管理手段，使得员工发挥所长，将企业战略贯彻到底，实现企业的经营目标。这三个支柱要平衡，三个部分都要强大，同时要与企业的组织能力和战略布局进行匹配。

将杨三角模型和企业文化诊断结合时，要注重问卷设计。在设计问卷时，根据杨三角模型，结合公司实际情况，可以将问卷分为若干象限和分析层面进行全面评估，梳理企业文化。问卷实行5分制，满分5分，如果单项低于3分，那么说明企业在这一项存在问题或者员工对此项的理解有误差。

图 4-2 是杨三角模型通用的诊断维度，分为 5 个象限，21 个维度，这个维度分类更适合互联网企业，因为它强调的组织能力是：用户导向、创新、敏捷。

图 4-2　杨三角模型通用的诊断维度

图 4-3 是某美妆线上平台结合杨三角模型进行企业文化诊断，对不同维度进行的拆解。每个拆解后的维度，都会对应访谈、结果分析和建议。这样，企业就可以有重点地进行文化建设。

诊断流程可以分为六步。

步骤一：内部访谈。可以分别对公司高层、中层、基层人员进行单独访谈和群访，全面了解公司的现状，充分听取大家的建议和想法。中高层适合单独访谈，基层员工适合焦点小组访谈或者群访。

步骤二：问卷调查。针对企业发展战略、组织能力、员工能力、员工思维、员工治理以及组织投入度等内容，进行问卷调查，并对调查问卷进行统计分析。

步骤三：案例及资料收集与分析。从企业内部重点收集企业文化、组织结构与人员状况、人力资源管理相关的案例并与业界相关案例进行对比分析。

步骤四：内部讨论。诊断过程中，项目小组对访谈记录进行整理，对企业的现状和经营管理上存在的问题进行讨论、分析、归纳和总结。

步骤五：调研问卷。在做访谈和背景研究的同时，根据企业的现状设计有针对性的企业文化诊断调查问卷。

步骤六：诊断报告和行动建议。根据访谈和问卷结果，梳理问题，形成诊断报告。根据诊断报告的结果，厘清相关责任人，将问卷中反映的问题做分类整理，落实到部门和责任人。相关的部门和责任人，按照短、中、长期的时间进度，提供有效的解决方案，推动问题的解决。

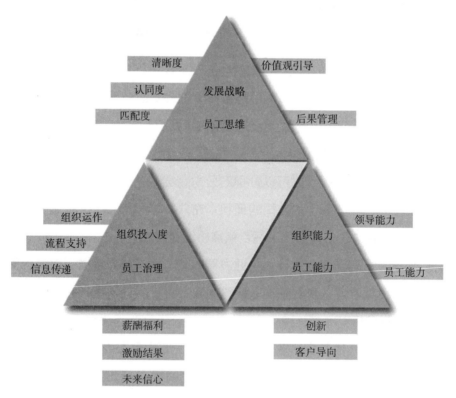

图4-3　某美妆线上平台结合杨三角模型进行企业文化诊断

依据诊断萃取核心理念

文化核心理念发布

　　在企业文化理念梳理出来之后，我们需要做的事情是在公司范围内进行文化理念的传播和解读。这里就有问题来了：谁去讲？

　　建议由高管去讲企业文化理念，最好是创始人。因为讲文化这件事很重要，尤其是在企业文化理念刚刚梳理出来的时候，要保持理念的原汁原味，要保证分享者能够准确地传递最真实的内容和背后的故事。高管对于文化理念背后的含义、理念的意义、相关的故事是最为熟悉的，他们对于企业未来发展的展望是最清晰的，由他们去把理念传递给员工的效果也是最好的。

　　讲文化不是讲大道理，而是建立共情。在开场的时候，可以先分享一些故事，分享在企业发展过程中的发生的最真实的故事，分享企业发展历程中遇到的问题和困难，分享创始人的创业感悟，进而引出企业为什么会有这版文化理念。用这种聊天的方式，把内容真挚地传递出来，员工会觉得企业把自己当成了朋友，作为朋友，一定会认真听，用心听。

　　怎么讲？一定要面对面地去讲，一场一场地去讲。很多创始人是不习惯当着那么多人讲话的，那就可以先给熟悉的人讲，先在自己觉得舒服的范围内去讲，比如先给核心团队和骨干员工去讲，这部分人是自己比较熟悉的。等讲出感觉了，讲出自信了，再扩大范围去讲，分层去讲，从核心团队、骨干员工再到员工大会，一层层地扩大范围。针对不同的受众群体，讲的内容要有所侧重，因为不同的受众群体接收到的信息不太一样，理解程度也不一样。分享时还要注意内容的呈现，PPT 的内容应简短精炼，只放关键词和图片，简单直白，更容易记住。

把创始人讲文化逐渐形成企业文化宣讲固定的动作，在新员工培训、人才梯队建设等工作场景去落地。如果确实企业的规模和地域等原因不允许创始人一场一场去讲，可以通过直播、录播等方式把创始人讲文化的视频发给员工学习。

企业文化年度关键词提炼

企业文化年度关键词是企业文化年度工作的重要指南，也是企业文化年度工作的切入点，提炼出了文化关键词，也就代表了文化建设工作的关键动作很明确。在提炼企业文化年度关键词的时候，要遵循三个原则：原则一，解决问题的主要矛盾；原则二，表述内容言简意赅；原则三，内容切忌照搬照抄。

原则一，解决问题的主要矛盾。很多企业在刚开始做企业文化的时候会有一蹴而就的心理，希望短时间内能够建立健全各种制度、搭建完整的体系。有很多创始人和我咨询的时候，会提出很多问题和想法，认为都是紧急而重要的，需要迫切解决，甚至希望企业文化能够包治百病，能够解决企业的各种问题，答案是显然的：企业文化不能包治百病。对于创业企业，在公司发展的起步阶段最重要的是：解决核心问题，对症下药，针对问题制订方案。

首先去定义企业在现阶段企业文化方面最核心的问题是什么，根据问题制订解决方案。如果企业现阶段最核心的问题是人心涣散，企业文化建设的首要工作就应该是凝聚人心；如果企业现阶段最核心的问题是员工的拼搏意识不够，企业文化建设的首要工作就应该是培育员工的拼搏精神；如果企业现阶段最核心的问题是员工的服务意识太差，企业文化建设的首要工作就应该是提升员工的服务意识。

原则二，表述内容言简意赅。企业文化建设要回避一点，不要把管理者语录长篇大论地贴到墙上，或者让员工在每天上班前先学习和背诵，靠洗脑管理的时代早就过去了，现在的企业文化建设更重要的是要和员工产生共鸣，没有共鸣的文化只能是孤芳自赏。

■ **案例 4-2**

奈飞手册向传统文化发起的挑战 [⊖]

奈飞作为全球最大的流媒体公司，是一家颇具传奇色彩的公司，它与脸书、亚马逊、谷歌并称"美股四剑客"。2009 年，奈飞公开发布了一份介绍企业文化的 PPT 文件，在网上累计下载量超过 1 500 万次，被脸书的 CFO 谢丽尔·桑德伯格称为"硅谷重要文件"，是一本对奈飞文化进行深入解读的力作。

在这本手册里面，奈飞从多个角度揭示了为什么要对传统的企业文化理念发起冲击，以及它在打造自己的企业文化的过程中究竟提出了哪些颠覆性的观点，向传统文化发起了冲击。

冲击一：废除繁文缛节。在奈飞，取消了很多政策和流程，并给了员工一定的自由度，废掉制度并不代表员工可以随心所欲地去做任何事。管理层注重给不同的层级赋能，强调一些观念，要求大家在一系列

⊖　资料来源：麦考德. 奈飞文化手册［M］. 范珂，译. 杭州：浙江教育出版社，2018.

基本行为上做到自律。虽然拿走了"政策"和"流程"，但是奈飞强调纪律。

冲击二：鼓励所有的人向权威挑战。奈飞文化的支柱之一就是绝对坦诚，这是奈飞的风格，也是管理层的风格。首席人才官帕蒂·麦考德的讲话风格就是直率，甚至在写这本手册的时候，她把读者想象成了辩手，可以和她来一场酣畅淋漓的辩论。既可以认同她的观点，也可以否定她的观点，可以和她一起辩论。她的原话是："你可能会讨厌我说的某些话，或是对我的某些观点嗤之以鼻。但我也希望你会认同我的另外一些观点。"她描述在奈飞开会更像是辩论赛，在会上没有职位和职级的差距，任何一方都可以坚持自己的观点去和对方辩论，最后的胜者一定是正确的那一方，而不是权威的那一方。奈飞还组织过公开的辩论赛，甚至在高管团队成员之间组织辩论。

冲击三：让公司的问题暴露在员工面前。对于公司所面临的挑战，以及将如何应对这些挑战，奈飞会坦诚地站在员工面前，并用持续、坦诚的方式去和员工沟通，不做任何隐瞒。奈飞希望每个人都能够认识到，变化永远在发生，未来充满了未知。因此公司会用不断变化的方式和不断调整的规划、组织架构和人才策略去确保公司能够快速前行。要主动拥抱变化，并积极地推动变化。在这个发展越来越快的混沌世界中，对于那些最成功的组织来说，身在其中的每一个人、每一支团队都理解世事难料，一切皆在变化中，而且还享受这种变化。

冲击四：允许员工犯错误。奈飞没有采用传统的成熟的管理工具，而是采用渐进式适应的方式开发了一套新的工作方法，即勇于尝试新鲜事物、敢于犯错、不惧重新出发，最终收获成果。奈飞还创立了一种独特的文化，它能够支持与时俱进和高绩效。这种方式也取得了显著效果，通过向人们反复灌输一套核心行为，然后给予他们足够的空间来践行这些行为，可以让团队变得富有活力和积极主动。

原则三，内容切忌照搬照抄。关键词提炼的一大禁忌就是照搬照抄，照搬照抄最根本的原因是推动者懒于思考，如果连思考都不愿意思考，那这样的企业也不会有长久的发展动力。而长篇大论、辞藻华丽、字斟句酌的时代早已经过去，现在企业管理对于文字的要求就是言简意赅，简单明了。

文化建设的年度关键词要围绕企业现在最急需解决的问题去表达，通俗点说就是：说人话。比如很多公司的价值观里通常会有一个词叫作用户导向，这个描述就太抽象了，更像是一个方向，推动者很难根据这个方向去落实具体的动作。如果在教育公司，把对用户导向的描述细化成年度关键词："爱孩子，懂教育"，这就是一个可以衡量的要求，根据这个要求，各个部门就知道如何发力，如何让员工能够"懂教育"，做到什么样的标准叫作"爱孩子"。企业文化建设工作就可以在制度设计、行为培育、理念宣传、成果展示等环节有针对性地推动，在完成这个阶段目标后快速进入下一个阶段。

字节跳动有一个文化项目类似于国外的 Town Hall Meeting（员工大会），每个月创始人张一鸣会和员工面对面同步近期公司的工作进展，以及下个月的计划。这个活动的组织很简单，没有华丽的场地，每次活动都是在总部的员工食堂；没有华丽的形式，没有主持人，只有张一鸣本人，从开场讲到结束；没有华丽的演讲稿，每一次张一鸣分享的内容都是自己准备的，核心内容也就是告诉大家公司近阶段做了什么，下阶段的计划是什么。

将核心内容赋能给员工

覆盖全员的文化研讨沙龙

在企业文化建设过程中，通常有三个阶段需要用到文化研讨沙龙：文化理念制定阶段，通过组织文化研讨沙龙达成共识，输出理念；文化理念学习阶段，企业已经发布了企业文化理念，通过文化研讨沙龙的方式去加深理解；文化理念践行阶段，结合具体工作场景的研讨会，围绕具体问题产出行动计划，实现从意识到行为的转变。

研讨会的流程因为场域和参与人员不同，可以定制化设计，有几种在研讨会上经常使用的简单有效的引导工具，可以帮助研讨会更好地落地。

工具一：乔哈里视窗—建立沟通。乔哈里视窗（Johari window）是一种关于沟通的技巧和理论，也被称为"自我意识的发现—反馈模型"，是由乔瑟夫（Joseph）和哈里（Harry）在20世纪50年代提出的，根据"自己知道—自己不知"和"他人知道—他人不知"这两个维度，依据人际传播双方对传播内容的熟悉程度（见图4-4），乔哈里视窗可以广泛应用到各种场合，也可以用在研讨会的相互了解方面，帮助了解自己和团队成员，便于建立真诚沟通。

乔哈里视窗将人际沟通信息划分为四个区：开放区、盲点区、隐秘区和未知区。开放区，企业或组织中，你知我知的资讯，可以不断扩大公开象限；隐秘区，我自己知道别人不知道的资讯，要充分获取反馈，以看到自身的局限；盲点区，别人知道关于我的资讯，但我自己并不清楚，要尽量正面沟通，避免误解；未知区，双方都不了解的全新领域，它对其他区域有潜在影响。要摒弃成见，相信并创造机会激发潜能。

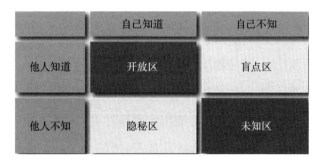

图 4-4　乔哈里视窗

工具二：欣赏式探询—设定挑战性目标。欣赏式探询（见图 4-5）是一种正向积极的引导方式，过程包括四个关键阶段：发现（discovery）、梦想（dream）、设计（design）和实现（destiny），通过不断探询展望一个令人渴望的未来。

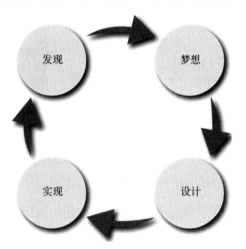

图 4-5　欣赏式探询四个阶段

这个循环过程的中心是选择乐观的或有挑战性的主题和目标。发现阶段的中心是欣赏式面谈，揭示个人和组织的巅峰体验，分析并描绘组织积极变革的核心。在梦想阶段，要求人们仔细聆听组织中的美好时刻，并分享他们的希望和共同期盼的未来。在设计过程中寻找实现梦想的途径，并寻找现实与梦想之间的差距，同时明确目标和职责。实现阶段要把整个过程作为一个需要建立的网络系统，并依据设计的目标制订明确的行动计划。

工具三：视觉引导—流程引导。在培训的时候借用视觉化工具搭建培训框架，用视觉化的工具引导学员进行思考，可以帮助学员由被动学习变为主动学习，增加学员参与性，增强培训效果。视觉引导是以视觉性的工具吸引眼球，抓住参与人的注意力。视觉引导能够让参与人自然融入，参与共创，更有效地针对问题达成共识，并且更好地吸收所描绘的内容，在产出结果时的呈现方式也会更有冲击力。

工具四：SWOT 分析—分析及计划。SWOT（见图 4-6）分析是基于内外部竞争环境和竞争条件下的态势分析，将与研究对象密切相关的各种主要内部优势、劣势和外部的机会和威胁通过调查列举出来，并依照矩阵形式排列，然后用系统分析的思想，把各种因素相互匹配并加以分析，从中

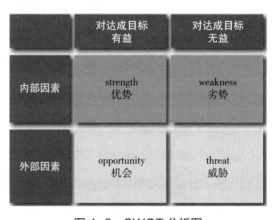

图 4-6　SWOT 分析图

得出一系列相应的结论，而结论通常带有一定的决策性。S（strength）是优势、W（weakness）是劣势、O（opportunity）是机会、T（threat）是威胁。按照企业竞争战略的完整概念，战略应是一个企业"能够做的"（即内部的优势和劣势）和"可能做的"（即外部的机会和威胁）之间的有机组合。运用这种方法，可以对研究对象所处的情境进行全面、系统、准确的研究，从而根据研究结果制定相应的发展战略、计划以及对策等。

工具五：原声墙—达成共识。为参与者提供纸张、创意卡或传统的便利贴，便于参与者把自己的想法——记录下来。给参与者 3~10 分钟的时间进行思考，让参与者分别表述自己的想法，并将其展示在黑板或墙上，避免对想法进行初步讨论。头脑风暴早期阶段构思的想法应与整个团队进行口头分享，以激发新的思路或想法组合。在提出和展示想法的同时，小组可以将重复项归类在一起，从所有参与者的想法中挑选出最佳方案，在创意讨论会议中继续筛选最具可行性的方案。

拓展活动融入文化和管理

在企业文化建设之初，如果企业还没有太多的思路和方式方法，可以多设计主题活动，我认为最有效果的活动，应该是主题类拓展活动，尤其是组织全员进行企业文化主题的拓展活动。

主题拓展一定要有任务、有挑战、有团队合作，每一个挑战任务一定要通过团队合作才能达成。在拓展活动中要把需要强调的理念融入拓展项目中，而且企业核心人物一定要全程参加，融入大家，在不同的场合、用不同的方式去解读企业文化，可以极大地提升员工对于企业的认同感和对文化理念的认知。

我经历过的印象最深的一次拓展应该是在中国金茂集团把总部从上海迁到北京后，在北京平谷区的金海湖组织的第一次全员拓展。那是一个极度炎热的夏天，太阳高照，气温在 37 度左右，当时的金海湖周围以黄土地居多，整个两天的活动基本上都安排在了户外，既有团队破冰，也有徒步，又有赛龙舟比赛和最后的汇报演出。经历了两天的身体考验之后，团队成员已经变得十分疲惫，很多人出现晒黑、晒伤、轻微中暑、腰酸背痛的症状，但是没有一个人掉队。在最后一天的篝火晚会上，每个小组要完成最后一个任务——设计一个主题小品表演，表演中高管们被安排了各种角色，都不是主角，而是配角。每个节目都被巧妙设计，参与者非常投入，效果也好，呈现了一次头脑大爆炸。在那次之后，主题拓展活动就成了企业持续传承的文化项目，目的就是熔炼团队，传递企业文化理念。同时，企业也把赛龙舟作为一个经典项目传承下去，直到现在，中国金茂集团的拓展项目里依然有赛龙舟比赛。

文化活动沉淀为文化符号

如果企业文化理念没有梳理出来，管理层对企业文化工作也没有提出明确的要求，文化活动可以根据企业的需求找一些主线，根据实际的预算情况设计活动，先把氛围营造起来。

如果现阶段企业希望营造温馨的家园氛围，那么节日类活动就非常合适。节日类的活动可以从元宵喜乐会开始，到三八妇女节，到踏青节，到六一儿童节，到端午节，到中秋节，到国庆，再到年底的年会，每个月还可以安排生日会。这样一年下来，企业文化活动丰富，员工能感受到企业暖暖的爱，像一个温馨的家。

如果企业现阶段希望营造充满活力、积极向上的氛围，那么兴趣类活动就非常合适。可以组织建各种俱乐部，比如乒乓球联赛、羽毛球联赛、篮球联赛，等等，在形式上进行创新。如果企业想做得更专业一点，就不妨参照职业联赛的模式去运营，慢慢地兴趣俱乐部有可能会成为企业文化的一个重要体现，还可以组织摄影大赛、夏季嘉年华、冬日影展，等等，满足不同员工的爱好。

如果企业是技术型公司，那游戏类的活动就非常受员工的欢迎，比如手游大赛、黑客马拉松，等等，这样的赛事最大的优点就是不受地域限制，完全可以做成线上活动。这样的活动既能解决企业在技术和产品方面的一些问题，还能挖掘出一批有才华的人才。黑客马拉松已经成为科技企业产品和技术创新的一种很好的方式，鼓励新一代年轻人，用对技术的熟练和热爱去创造新的事物，运用技术与他人交流和协作，带来更大的影响力。脸书网、腾讯、盛大都有专门团队，去参加国际黑客马拉松赛事，并取得过骄人的成绩。

除了活动类别和数量，对于活动本身的专注和投入也是很重要的。只有专注于活动设计，投入了心血，每一场活动才能展现出它独特的文化内涵，吸引到更多员工参加，参与者也会全情投入。逐渐地，企业文化活动就成了企业的文化符号，代表了企业的精神，这种力量也会给组织带来更大的价值。

■ 案例 4-3

足球联赛的 4 年 3 连冠 ⊖

我在中国金茂集团负责企业文化工作的那些年，组织了很多集团层面的赛事。中国金茂集团是中化集团的五大板块之一，中化集团每年都有组织大型赛事的传统，在这些赛事里面，竞争最为激烈、关注度最高的就是足球联赛，足球联赛优势有三：第一，参赛队伍多；第二，专业水平比较强，每年各个单位都会招些特长生；第三，竞争很激烈，很多球队的水平不相上下，都希望能够在赛场上一决高下。

⊖　案例来源于企业内部资料。

中国金茂集团第一次组队参加集团的足球比赛是在 2010 年，那时候的金茂足球队和公司规模一样，都是"小公司"。第一次参赛，由于人员阵容的劣势和缺乏比赛经验，面对其他单位的凶猛进攻，我们很快败下阵来，没能进入四分之一比赛。从那次之后，公司就决定建立一支实力强大的足球队伍，在集团比赛中取得好的成绩。于是，我们开始重视足球队的日常训练，按照正规的足球俱乐部运营：聘请专业教练，我们从区体校请到了一位前任国足运动员，作为教练，新教练上任，整个球队的状态就发生了很大转变；大规模选人，在整个集团范围内吸纳优秀足球运动员加入球队，尤其有过青训队、校队经验的人优先录用；俱乐部化运营，我们制定了足球俱乐部运营规定，为球员们配备了相对专业的足球装备；制订训练计划，每周组织球员们训练。

而我作为足球俱乐部的组织者和领队，负责除了教练和球员以外的所有工作。每周我都会带着十几个球员到训练场地训练，周末也会陪他们打比赛，不管春夏秋冬，风吹雨打，除了节假日和加班、开会等特殊情况，一场都没有缺席过。就在这样的坚持不懈精神的支撑下，球队的运营越来越规范，也得到了公司领导和各个部门的支持。

在第二年的集团足球比赛中，我们作为黑马出现在了决赛现场。凭着团队合作和拼搏的精神，最终赢得了冠军，让所有的参赛球队都感到意外。在比赛结束后，集团的领导也发来了祝贺的短信。从那年开始，中国金茂集团的足球队就成了冠军球队，在 4 年的时间里夺得了中化集团足球比赛 3 次冠军、1 次亚军，成了公司创先争优的象征。

不光是足球，我们也同样精心运营篮球队，因此也在集团的篮球比赛中多次夺冠。还有集团的歌咏比赛、羽毛球比赛，同样如此。我们的专业人才不是最多的，但是我们的运营机制是最正规的，因此能取得优异的成绩。这些比赛其实是除了公司业绩之外的第二战场，也是为公司赢得荣誉的最好方式，同时，我们配以适当的宣传，让员工对公司产生了强烈的自豪感，成为公司的一种文化精神。

有的读者说，组织每场活动都需要花钱，创业企业哪来这么多钱？曾经也有创业企业负责企业文化的同行来找我咨询，说企业很舍得在文化建设上投入，但是感觉效果一般。我建议的原则是：大型活动充满使命感，小活动充满温情感。

除了日常的企业文化活动之外，还要设计组织一些大型活动，在活动中融入仪式感和使命感，例如企业的司庆日、产品发布日、年会，通过这样的活动，让员工更强烈地感受到企业文化建设的力度。

小而美的活动现在越来越受到"Z 世代"的喜欢。我们会以为越是年轻人越会有活力，爱交友。但是现实却恰恰相反，越来越多的"90后""00 后"因为习惯于沉醉在手机世界里，他们在公共场合或者大型活动中有时会面临"社死"，对于大型活动有一种抵触感，或者非常害羞，而小型活动会让他们非常放松。

小而美的活动，也容易拉近人和人的距离，因为小的场域是最容易打破沉闷建立信任的。这种活动可以利用企业的现有资源去设计，比如，公司是做食品领域的，那就定期组织食品品鉴活动，除了本公司，也可以有其他公司的食品，大家既可以对企业最新的产品尝鲜，也会对产品有深刻的感知，还能够了解整个行业。比如，企业是做皮具领域的，那就定期组织手作活动，用剩余的材料发挥创意，每个人去做一些自己喜欢的手办。在蔚来，有专门的泥塑部门负责做车的模型，那就定期组织泥塑活动，请专业小伙伴教大家做泥塑，参与者增长了一项技能，企业也避免了原材料的浪费，一举两得。

■ 本章回顾

1. 在企业初创期，企业文化建设工作一定要探寻企业的痛点，根据痛点设计重点工作；创始人要坚守初心，不忘初心，这样才能留住人心。

2. 文化理念的提炼既可以通过内部共创的方式，发挥集体智慧，也可以通过聘请外部专家或者专业组织进驻企业的方式进行系统的诊断和梳理。前者更轻，更容易在内部达成共识；后者更重，可以体系化地提炼和梳理。

3. 梳理出来的文化理念一定要及时传递给员工，创始人要成为文化的代言人。

4. 所有的企业文化建设工作都来自企业认真的思考，企业文化建设不能包治百病，而是要解决当前的主要矛盾。

5. 企业文化建设工作在这个阶段要做得轻量化，不要高举高打，也不要照搬照抄，要营造一个积极向上的氛围。

6. 企业文化活动的设计不光要走心和投入，也要持续运营，把文化活动打造成文化符号。

第 5 章

成长型企业文化建设三部曲：
快速发展期的重点发力

快速发展期的五维升级

过了初创期，企业就进入快速发展期，伴随着外部激烈的竞争以及产业结构的不断优化调整，企业会处于一个阶段性升级的状态，主要体现在以下几个方面。

战略升级。在创业初期的跑马圈地阶段，企业是处于被动地位的，为了生存，很多时候是被动选择。而进入快速发展期，企业就需要主动思考，思考企业的核心优势，同时要判断未来市场的发展趋势，思考企业的核心优势是否符合未来市场的发展趋势，思考为了把握住未来的趋势，该如何调整和扩大优势。360 创始人周鸿祎在《我的互联网方法论》中写道："任何企业都可以找最强的竞争对手，但有一个对手你是打不过的，那就是趋势。"

业务升级。企业的业务根据战略的升级进行调整，业务升级呈现三个特点。特点一，业务升级到业态，业务的基础优势逐渐显现，重点业务和重点板块逐渐明显，更加趋于中心化独立运营。特点二，扩大战略新业务，向创新业务拓展，向互联网业务延伸。特点三，科技创新驱动业务升级，科技创新是产业互联网时代的必然要求，可以通过知识创新、技术创新和管理创新来实现。

组织升级。组织是有惰性的，打破原有惰性，实现组织升级是这个阶段企业必须要面对的，也是创始人的首要工作。作为创始人，不光要对现有组织结构进行复盘，同时也要对现有组织架构重新设计，排兵布阵，推动升级的顺利开展。对现有的组织架构进行复盘，是看组织能力和企业文化方面存在哪些差距，造成这些差距背后的原因是什么。找到差距后，要在公司内部达成共识，制造正向的引导，引导每位成员正确、客观地看待组织升级。创始人和员工都要清晰地意识到，在每次企业的组织变革中，有得就会有失，要选择性放弃，不管得与失，都是当前为了实现组织升级所采取的必要手段。

人才升级。在企业管理里面，所有的问题都是人的问题，组织升级和人才升级是息息相关的，组织升级的本质就是人才升级。人力资源需要根据组织架构需求来优化配置以提升人均效益。在高速增长阶段，企业会首先看人才数量，要求有充足的人才供应，人才能够快速上岗，快速完成岗位建模，快速融入企业文化。同时，企业也会看人才素质，因为合格的素质才是保证工作质量的前提，高素质是高绩效的保障。这个阶段，企业要描绘出人才培养地图，逐步引进大量优秀的人才加入公司。

■ **案例 5-1**

华为的天才少年计划 [⊖]

在 2019 年，华为推出天才少年计划，强调"英雄不问出处"，不限学历和学校，但要求在相关领域有特别建树，并立志成为领军人物。"天才少年"的考核十分严格，除了要经历简历筛选、笔试、主管面试外，还要由相关的部长和总裁分别进行面试，前后总共要经历七轮筛选、考察程序。

2022 年，华为官方发布招聘信息，将提供 5 倍薪酬，面向全球招募在数学、计算机、物理、化学、芯片、智能制造、材料等领域有特别建树，并有志成为技术领军人物的"天才少年"。截至 2022 年 4 月底，华为已经招到 20 余名顶级的"天才少年"，主要集中在人工智能和算法领域，这些"天才少年"来自北京大学、清华大学、武汉大学、西安交通大学、电子科技大学、华中科技大学等学校，其中有两名女性，年薪最高开到了 201 万元，华为希望依靠人才实现技术上的突破。

在华为，谈到创新首先想到的是顶尖人才，通过人才引进和培养机制，来吸引世界级的人才，解决世界性的难题，共同迎接挑战，推动科学和技术领域的进步。

品牌升级。在这个阶段，企业已经有了市场认可度和稳定的客户群体，并且市场热度处于持续升温状态。企业的品牌定位要更加清晰，要整合品牌的优势，扩大品牌的延伸，为品牌注入新鲜的血液，升级品牌的个性，做到差异化竞争，增强价值体验。

⊖ 资料来源：天才少年（华为于 2019 年发起的招聘计划），百度百科。

■ **案例 5-2**

腾讯发展史上三次组织升级 [○]

2005 年，是腾讯上市之后的第一年，公司经历了第一次重大的组织变革：将职能式的组织变成了一个业务单元（Business Unit，BU）制的组织。基于当时的战略定位和业务特点，迭代成为一个新的组织模式，在这个模式下所有的资源都围绕用户和产品。

2012 年，公司经历第二次重要的组织变革，把跑了 7 年的 BU 制升级，形成事业群（Business Group，BG）。因为当时 BU 已经无法承载所有移动互联网化的需求，通过建立事业群，让所有的业务升级，既能够做个人电脑业务，也做移动互联网业务。

2018 年 9 月 30 日，在腾讯成立 20 周年之际，腾讯再一次进行了重大的组织变革，称为"930 变革"。930 变革明确把内容平台和智慧产业定义成公司未来十年最重要的战略跑道，把原有七大事业群重组整合，新成立云与智慧产业事业群（CSIG）、平台与内容事业群（PCG）。在连接人、连接数字内容、连接服务的基础上，腾讯希望进一步探索更适合未来趋势的社交、内容与技术的融合，推动由消费互联网向产业互联网的升级。超过 60% 的管理者和超过 70% 的员工都在这次变化中受到了很大的影响。

企业文化建设的精细化

在整个企业持续升级的过程中，企业文化升级也是必然的动作，在

○ 资料来源：腾讯大学：腾讯的 3 次组织变革经验。

公司快速发展阶段的企业文化建设应该呈现以下状态。

- 使命、愿景、价值观、员工行为准则等文化理念内容表述清晰。
- 企业内部员工对于倡导的文化理念有一定的共识，并且认可目前的企业文化理念。
- 有专职或者兼职的企业文化建设工作人员负责具体的建设工作。
- 有企业文化落地的具体动作和抓手，例如"企业文化手册"、文化培训、文化宣传、文化活动等，让文化可视化。

在这个基础上，企业文化工作进入建设期，企业文化建设工作要趋于精细化管理，为了实现这个阶段的工作，企业要先对上一阶段的企业文化建设工作进行回顾和复盘，笔者称为文化回看。

文化回看

文化回看工具 1：文化复盘

在项目管理中，有一个很重要的环节叫作复盘。项目复盘是以学习为导向，在学习过程中吸取经验和教训，找到可以改进的地方，制订改进计划。企业文化阶段性的工作也需要采用项目复盘的方式来回顾，因为在上一个阶段的企业文化理念梳理和落地动作是不扎实的，是短平快的。

通过文化回看去复盘上一阶段制定的文化理念 1.0 版本是否还能支持公司的发展升级，如果是，就继续沿用，如果不是，就要升级；通过文化回看去梳理企业现阶段文化建设的突出问题是什么，和上一个阶段是否一样，并分析原因。以下几个问题可以作为参考。

- 第一，目前企业的战略是什么？与企业的使命、愿景是否冲突？
- 第二，企业是否已经实现了愿景？还是离愿景越来越远？
- 第三，企业倡导的价值观和现有发展阶段的要求是否不适配？说和做是否"两张皮"？
- 第四，企业文化理念是否要增加新的内容或者模块？

如果以上问题其中一项答案是"是"，那么企业文化理念就需要进行升级，制订改善或者提升计划，并将其作为下一个阶段的企业文化建设工作重点。

作为企业文化建设工作人员，在这个阶段也要从客观角度对企业文化建设工作进行回顾，包括企业文化建设工作开展的具体方式，企业文化建设工作取得的成果，企业文化建设工作遇到的挑战和困难，对于下一阶段企业文化建设工作的建议和想法，整理和归档企业文化建设工作的相关资料。

文化回看工具 2：焦点小组访谈

文化回看除了理性的文化复盘，还要用感性的焦点小组访谈方式去了解企业目前的精神面貌，听到来自员工最真实的声音。通过收集不同层面的员工的真实感受、反馈和建议，去了解员工真实的感受。

焦点小组访谈法，就是采用小型座谈会的形式，挑选一组具有同质性的员工，由访谈人以一种无结构、自然的形式与一个小组的员工代表交谈，从而获得对有关问题的深入了解。问题设计要有逻辑，看似很自然，由问题可以引导员工说出真实的想法。

焦点小组的实施步骤：准备焦点小组访谈—征选参与者—选择主持

人—编制讨论指南—编写焦点小组访谈报告。

访谈人员构成： 焦点小组成员最好不是管理者，也不是人力资源同事，而是来自不同层级的员工代表。员工代表作为访谈者可信度高，他们对企业、对员工非常熟悉，可以建立信任。访谈者要做到差异化，员工代表要来自不同的部门、不同的岗位、不同的年龄层，有着不同的司龄，访谈要满足多样性和活跃性的要求。

环境布置： 焦点小组访谈尽量在轻松、空旷的环境中进行，桌上准备好纸和笔。访谈时，被访谈人员可以围坐在一起，间隔不要太远，要形成热烈的氛围，保证讨论时互相说的话能够被所有组员听到。

访谈提纲： 要准备一些开放性的问题，循序渐进地提出问题，引导员工说出真实的想法。问题可以由小到大，由员工所在的岗位谈起，再到部门，最后再谈到整个公司层面，谈到文化、战略和业务，逐层拓展，一定要让员工说出具体的案例和事件来佐证他的想法。

开场引导： 开场非常重要，访谈者要创造轻松的氛围，做好引导介绍，保证受访人充分理解访谈的目的和访谈的意义。在时间允许的情况下，可设计暖场游戏来开场，帮助大家放松下来，打开自己，激起沟通的欲望。

自由发言： 焦点小组访谈的发言机制是鼓励自由发言，如果没有人主动发言，可以轮流发言或者指定发言，确保员工对于每个访谈的问题，都充分地表达了自己的观点。

引导提问： 对于很多问题，员工第一次回答不一定能够切中要点，需要通过引导的方式，反复确认员工是否理解问题，并真实回答问题。常用的引导方法是 5W1H（who，when，where，what，why，how）提问方法，这是问题引导常用的一种提问方法，既可以用在工作中，也可以用在日常生活中。举个例子，访谈者问员工："你目前的工作有挑战吗？"员工会回答说："有。"访谈者继续问："哪方面有挑战？"员工会说"工作节奏快"或"多项目工作，无法专注"。访谈者继续追问："为什么多项目工作会导致你无法专注？"这样就能引出员工更加具体的回答了。如果是企业文化相关问题，访谈者就可以这样问员工："你认同公司目前倡导的企业文化吗？"员工回答："认同。"访谈者继续问："哪些方面认同？"员工回答"持续创新"或者"用户导向"。访谈者继续问："能举一两个具体的例子吗？"员工回答完后，访谈者还要再追问："你觉得哪些方面是你不认同的？"，继续引导员工回答。

文化回看工具 3：文化调研

1. 调研问卷的设计。

调研问卷是以问题的形式系统地进行大规模调查，通过封闭式问题和开放式问题了解调查对象。问卷调研的核心目的是收集充足的、真实的和有效的信息为文化回看工作提供数据参考依据。问卷设计的技巧：

- 主题明确，重点突出。
- 逻辑性强，先简后繁。
- 通俗易懂，控制长度。

访谈的问题以开放性问题为主，而问卷的问题指向性要更加明确，更便于员工直接回答，一般的问卷设计中，会包含以下几个维度。

维度一，员工基本信息，主要包括员工的性别、司龄、所在部门和级别。通过这四个基本信息，可以分析出不同性别、不同司龄、不同部门和不同级别的员工在对企业文化理解和文化认同度上的差异。

维度二，程度认知题，问卷包含 20~40 个问题，可以从企业认可程度、领导者管理风格、团队氛围、员工发展、企业战略和企业文化践行等方面设计问题。根据问题内容选择对此问题的认可程度，1：非常不认可，2：较不认可，3：一般，4：较认可，5：非常认可，通过程度题的设置，将不好统一化的感觉认知用相对统一的尺度来衡量，保证标准统一。

维度三，多选题，多方面了解员工对于企业文化建设、企业管理、员工赋能方面满意的和不满意的方面。每道题限选三项，也可设置"其他"选项，让员工有空间去填写自己认为适合的答案。

维度四，价值观选择，请员工从罗列出来的若干价值观中选择他最为认同的，最符合企业价值观的，通常数量控制在六个以内。通过这样选择的方式，来评估公司价值观的传播和落地效果，了解员工对于企业价值观理解的差异点在哪里。

维度五，开放性问题。可以从员工个人发展、内部管理问题和企业文化建设等方面，收集员工内心真实的看法和建议。

2. 调研报告解读。

报告解读要分成项目回顾、诊断分析和总结建议三个部分，如果是由企业内部的项目组形成的诊断报告，有必要增加行动计划这一部分，让方案更具有落地性。在项目回顾部分，回顾项目启动和运行的周期，调研覆盖的人群和部门，实际参与问卷的人数，回收的有效问卷的数量以及问卷的覆盖率。通常来说，有效问卷数量要达到应覆盖数量的 40%~50%，得到的问卷结果才为有效结果。

　　在诊断分析部分，可以围绕问卷设计的几个维度展开分析，也可以重新设计分析维度，比如文化价值观认知、文化土壤机制、组织投入度、领导力和创新、组织氛围和文化项目落地等。在每个维度的分析中，要科学运用数据图表和具体的数字得出结论，并给出建议。图 5-1 到图 5-4 四张图，是摘取的某互联网教育平台，在 2018 年的企业文化调研中的部分数据分析。

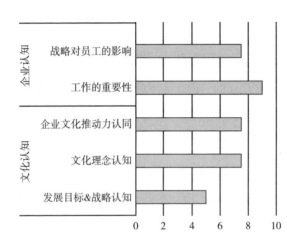

企业认知：
　　员工对于公司所处的发展阶段有正确的认知，了解公司信息的渠道较为丰富，且对企业文化的建设重点有所认知和思考

文化认知：
　　员工对于企业文化建设有认识，但对公司的企业文化理念和建设情况不够了解，或者说没有足够的渠道了解

个人与公司一致性：
　　对于个人工作价值对企业发展的重要性，一致性上达到了 85 分以上，并且在个人期待方面，对于个人前途与获得认可的选择与高薪选择持平，可见员工对于价值观认同有要求、有期待

图 5-1　某互联网教育平台文化调研问卷：文化价值观认知分析

　　从这个维度可以看出来，员工对于企业文化建设的需求是强烈的，并且认同文化价值观对自己的工作和公司的发展有非常重要的作用。

　　从这个维度可以看出来，现阶段各项制度的落地未形成合力，没有明确的行为准则、考核标准、晋升机制，使得整个组织处于一个亚健康的发展态势之中，这是公司亟须解决的问题。

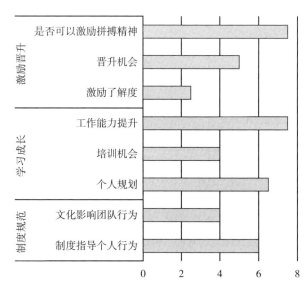

激励晋升：

公司可以激励员工的拼搏精神，可见员工认可这种理念而且内驱力较好，但是激励、晋升制度的不完善，会打击大家的内驱力，不利于组织的长期发展

学习成长：

个人规划不足，培训机会不多，而工作能力提升快的结果并不是一个组织良性发展的基础，在快节奏高压的环境下工作，很可能会造成团队组织后期发育不良的情况

制度规范：

从6分这个分值可以看出，制度制定不够完善或者推送不够彻底，导致企业目前的制度、文化并不能成为员工的行为指南

图 5-2 某互联网教育平台文化调研问卷：文化土壤机制分析

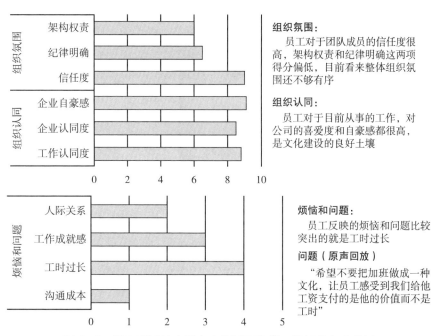

组织氛围：

员工对于团队成员的信任度很高，架构权责和纪律明确这两项得分偏低，目前看来整体组织氛围还不够有序

组织认同：

员工对于目前从事的工作，对公司的喜爱度和自豪感都很高，是文化建设的良好土壤

烦恼和问题：

员工反映的烦恼和问题比较突出的就是工时过长

问题（原声回放）

"希望不要把加班做成一种文化，让员工感受到我们给他工资支付的是他的价值而不是工时"

图 5-3 某互联网教育平台文化调研问卷：组织投入度分析

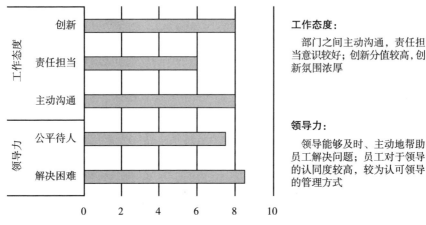

图 5-4　某互联网教育平台文化调研问卷：领导力和创新分析

　　从这个维度可以看出来，员工的个人工作态度较为端正，创新、沟通、责任意识都较好，可以作为行为准则考核的参考；对于领导的认可度较高，为自上而下推行文化政策提供了良好的群众基础。

制订企业文化建设的改进方案

　　上一节中介绍的文化回看的三个工具，是帮助企业做到企业文化建设工作精细化的有力抓手，从创始人、人力资源部门到各个业务部门以回看的总结和建议为依据制订改进方案和行动计划。不同的角色制定的改进计划的侧重点是不一样的，对于创始人来说，更加关注战略、领导力和创新；对于人力资源部门或者企业文化团队来说，更加关注文化认知、文化氛围建设、员工发展和员工满意度；对于业务部门来说，更加关注管理风格改进、团队效能提升、团队氛围营造。

　　改进计划通常以一年作为一个周期，行动计划的颗粒度要细，每个计划有具体的可衡量指标，有明确的责任人和交付时间。改进计划可以结合企业的风格设计有趣的项目名称，比如六大项目改进行动、5A 行动等。整个项目计划要以正式公告的方式分享给员工，让员工看到企业现阶段在企业文化建设方面存在的问题，以及企业对于企业文化精细化建设的决心和具体的行动。

企业文化团队要负责跟进，定期组织相关的对接人跟进项目改进情况。在一年的改进周期结束后，企业文化团队可以形成一份总结报告，回顾这一年在企业文化建设工作中，各部门取得的成绩、重大项目突破等，利用年会和总经理面对面等机会，与创始人和员工进行分享。

企业文化组织的规范化

文化体系的上层建筑搭建

企业文化体系的上层建筑包括了企业文化建设的组织设立和制度建立的机制。对于企业文化建设工作来说，文化组织建设至关重要，是开展一切工作的保障，在文化组织层面，也会设立不同的机构。

企业文化建设部门。通常来说，在国有企业中，这个角色会由党群工作部来承担，作为企业文化建设工作的牵头协调部门。同时，人力资源部、战略规划部、总经理办公室等部门会作为协作部门。在民营企业里面，企业文化建设的职能通常会放在人力资源部，或者单独成立文化和内部传播部。企业文化建设部门的职责是建立完整的工作程序，从方案制订到工作落地推动实现闭环管理，形成工作制度化、规范化、程序化的企业文化建设运行机制。

企业文化建设领导小组。企业成立以公司高管为领导，以员工代表为主体，依靠于员工力量来扩大企业文化影响力的官方组织，推动企业文化建设工作的开展。企业文化建设领导小组的特点：高层参与并发挥主导作用，员工代表发挥参与作用；通过设计章程和制度，明确上层建筑的使命和责任；定期换届，实现新老交替，成员遍布各个业务部门。企业文化建设领导小组的责任和义务：制订企业文化建设的方向和计划，可以发挥执行权力；传播文化，定期复盘文化。

职代会，全称是职工代表大会。职工代表由员工选出来，代表员工实施权利。职工代表选出来之后为了避免成为空职，要制订计划，发挥职工代表的作用，既要发挥代表的岗位优势，同时也要调动代表的积极性。企业每年要召开一次职代会，审议和讨论当年的重点工作，进行预算审计；每个季度召开一次员工代表座谈会，讨论重点工作和收集员工意见；让职工代表化身为员工福利的天使，把企业文化活动和福利项目作为抓手，让职代会作为窗口去连接企业和员工。这样职工代表就成了企业最受欢迎、最接地气的人，既能调动职工代表的积极性，也能确保福利和活动能够落实到员工层面。

价值委员会。企业价值体系领导小组叫作价值委员会，是企业文化建设的重要组织。委员会由创始人发起并担任委员会主席，由最能代表企业价值观的员工，以及其他委员会认为应该加入的企业价值观的优秀践行者组成，是企业文化建设的最高组织。价值委员会下可设专项小组，分别从体系建设、产品工具、传播推广和反馈监督等不同的维度设计和搭建企业的价值体系。

■ 案例 5-3

一次尴尬的投票表决 [⊖]

在 2010 年初，中国金茂集团成立了职代会，并按照职工代表选举要求选举出了公司的第一届职代会委员。公司定期召开职代会，职代会对近期涉及员工利益的制度进行审议和讨论，并具有表决权。

从 2010 年开始，公司有很多员工要外派到外地的各个项目上，因此公司要出台明确的外派管理制度，在保障员工权益的同时，明确外派的各项规定。在当时，这项外派管理制度已经在总经理办公会上审议通过了，也就是说所有的高管已经同意，并且已经签字确认了，只要职代会上通过，就可以发布实施了。

但是在职代会上，职工代表们对其中一个外派条款存在很大的争议，认为需要重新讨论，在现场举手表决时，同意者没有超过半数，因此这项制度没有通过。人力资源部根据大家的意见重新调整了部分条款，重新上了经办会，又重新拿到职代会上讨论，最后举手表决，表决票数超过半数，决议生效。这项外派制度才最终生效。

通过这件事，职工代表们对于履行职代会的职责更加认真，职代会这个组织也得到了员工们的认可和信赖。

企业文化布道师。布道师这个称谓最早源于美国硅谷，在技术领域比较牛的人会被称为布道师，他们对技术进行布道，传道授业解惑。技术布道师针对特殊产品，面向特殊人群，采用特殊方法进行宣传推广，从性质上，靠近市场营销；从行为细节上，更靠近技术。在国内，布道

⊖　来源于中国金茂集团内部资料。

师这个角色逐渐地被应用于布道企业文化，是企业里面文化价值观的代表，具有浓厚的人文精神与公益情怀，去传递企业文化。越来越多的互联网企业，都在培养布道师，定义布道师的角色，这个角色对于企业文化的传播和弘扬，发挥着不可或缺的作用。

既然是企业文化的传承者和布道者，那么新员工培训一定是首要任务。布道师在上岗前要进行系统培训，认证通过后持证上岗，在新员工培训中讲解公司的企业文化。其次是价值观传帮带，对于核心岗位的新人，定制传帮带计划，并为每位新人安排一位布道师，在前三个月布道师要和新人定期进行 1 对 1 沟通，帮助新人全面了解企业文化，快速适应和融入文化。

触达一线的"民间组织"运营

"民间组织"是企业里面得到企业支持的非正式组织，由员工构成，代表员工的意愿，按照一定的章程去开展活动。

工会小组是企业文化建设工作的基层细胞，是基层员工工作、学习和生活的基本单位。工会小组的主要职责是收集和反映员工建议和要求，解决实际问题。企业应根据实际情况，组织员工参加工会活动，做好企业文化建设。海底捞在 2008 年就组建了工会组织，各片区、各门店都设有工会专员，解决员工困惑、关心员工成长成为工会工作的重中之重。海底捞创始人张勇多次向工会提出"每一个工会会员都必须明白一个基本道理，我们不是在执行公司命令去关心员工，而是真正意识到我们都是人，每个人都需要关心与被关心，而这个关心基于一种信念，那就是'人生而平等'"。海底捞还专门有一本创办多年的《海底捞文化月刊》

也致力于"暴露管理问题，维护权益"，切实为员工服务。

蔚来的部门价值小组是价值委员会在各个部门内部的延伸，价值小组以部门或者区域为单位成立，将企业文化体系与业务工作相结合，通过关爱伙伴、营造氛围、凝聚团队、创造价值，助力价值观在部门落地。对部门而言，价值小组是凝聚团队、增强协作的抓手。对于人力资源部而言，价值小组是进行企业文化建设的帮手，能够关心伙伴、营造良好氛围。对于价值委员会而言，价值小组是倾听业务需求，把价值观建设落地到业务部门的助手。价值小组的人员组成：组长 1 名，通过自愿报名投票产生，原则上需要是历届的优秀员工，确保价值观纯正；秘书 1 名，是所在部门的人力资源伙伴（HRBP）；成员若干，由有意愿参与的伙伴组成。价值小组的职责主要是参与公司的企业文化建设、部门的团队建设和文化传帮带活动中。价值小组要定期换届选举，既有老委员的退任，也有新鲜血液的加入，让团队能够持续流动。这样，企业文化就可以一届一届传承下去，企业文化建设在业务、在基层就有自己的人脉联结和情感联结。有人、有抓手、有方向、有思路，企业文化工作再怎么做都不会偏离方向。

文化社团可以引导积极向上的企业文化。社团对于员工而言，既能开发更多的生活技能或兴趣，还能为活跃企业文化做出贡献，获得企业的支持。企业需要多样性的文化，丰富的文化社团活动可以让企业更有生机和活力，也使员工工作和生活更有意义和乐趣。脱颖而出的社团可以在企业的大小活动上崭露头角，可以代表企业参加社会和政府组织的一些活动。

文化社团组织可以分成以下四类，每个文化社团自行设立组织、推荐组长、确定成员、制订计划、安排各种活动。

- 文化类：唱歌、乐器、舞蹈等。
- 体育类：足球、篮球、羽毛球、骑行、棋类、瑜伽、电竞等。
- 专业技能类：软件开发、编程、AI 等。
- 思维拓展类：演讲、辩论、视觉引导、魔方等。

既然是"民间组织"，文化社团的管理和约束力会比较弱，是员工的自由选择。社团的经费可以由工会经费支出，也可以由企业和员工共同分担。社团作为企业文化建设的"民间"载体，也要承担企业文化建设的责任。文化社团的宗旨要和企业文化相符合，社团既具有独立性也也受企业的统一管理，企业对文化社团的运营有决策权。

企业文化呈现的个性化

文化个性是属于企业特有的文化性格，它结合了企业的关键事件，是在特定的时间节点产生的。随着企业文化的普及，越来越多的企业开始注重文化建设的个性化呈现，内部的文化活动越来越像公司的品牌活动。

打造周年文化

周年文化我们可以分开来看，包括公司成立的周年文化——司庆活动、员工入职的周年文化——入职周年纪念活动等。

司庆活动是企业通过在周年庆前后设计一系列的活动达到增强员工

黏性和文化渗透力的作用。企业的周年庆其实就相当于生日，不同的是，个人的生日是对于一个人的祝福，而企业的生日与全体员工，甚至是企业的客户都有关。

周年庆是讲故事最好的场合，周年庆可以把创始人、高管和员工们聚在一起，借这个机会聊一聊企业发展中的故事，讲讲公司最新出台的政策。

用员工寄语来收集员工故事，可以在职场里设计一些留言墙、留言邮箱、留言树，请员工把对企业的祝福写下来。制作周年主题的视频，通过对老员工的采访，听他们讲企业的发展故事，讲最难忘的故事，这些故事就是企业价值观的体现。科大讯飞在 20 周年司庆的时候，在园区里建了一个留言亭，一年后科大讯飞将讯飞人的留言亭表白视频进行了剪辑，在 21 周年时进行了发布，这种有温度的、走心的设计，带给员工的不仅是感动，更有骄傲和自豪。

周年伴手礼是员工的最爱。2021 年 11 月 11 日，迎来 23 岁"生日"的腾讯为员工发放了司庆特别纪念品"NFT 藏品"，不少人在社交媒体晒出各不相同的企鹅形象，上有专门的 NFT 藏品 ID、序号等。"NFT 藏品"由国内首个数字藏品交易 app 腾讯幻核设计并开发生成，每份藏品由腾讯与生态伙伴联合建设的区块链底层服务平台"至信链"提供区块链技术支持，在"至信链"上都拥有唯一标识，不可篡改，永久贮藏。2021 年，字节跳动 9 周年的礼物有 T 恤、蛋糕、徽章盲盒、冰箱贴、贴纸等，种类多样，而且很多礼物都采用了盲盒的形式发放。在小米的 11 周年之际，小米送出了 1 万枚与米粉的约定之戒，不少收到戒指的米粉都大呼感动。

另外一个值得庆祝的时刻，是员工入职的周年纪念日。如果你是一个游戏迷，那你一定对暴雪娱乐公司（Blizzard，美国的一家著名游戏制作和发行公司）不陌生。在企业成立20周年之际，企业内部发起了"暴雪与我回忆视频"大赛，获奖者通过参加活动获得纪念品、特别版的鼠标键盘耳机等。同时，暴雪娱乐把游戏中的道具一比一打造出来作为周年礼送给员工，入职2年的礼物是一个啤酒杯，5年是一枚圣剑，10年是一个盾牌，15年是一枚戒指，20年是一个头盔。对一个热爱游戏的人来说，在热爱的企业里设计热爱的游戏，得到梦寐以求的真实游戏道具作为周年礼是意义非凡的事情。蔚来设计了1~6年的司龄解语，用以纪念每位员工在蔚来的成长足迹，感恩大家的辛苦付出，每一年对应的内容和文案不一样，深意也不一样。司龄贺卡以蔚来的车型颜色作为主色调，传递出：从加入蔚来开始，蔚来的生命线便由你赋予，无论你在何时出现，我们都与你同在。

让年会出圈

年会在不同的企业有不同的叫法，有的企业叫年会，有的企业叫尾牙宴，有的企业会在新年举办，叫开工宴。年会上有四大核心节目：恶搞创始人、节目表演、幸运抽奖和荣誉颁奖。在互联网企业，创始人在年会上的亮相既要惊艳也要与众不同，曾经丁磊的"僵尸妆"、刘强东的"许文强"、马云的"看我72变"，雷军的"财神装"让人过目不忘。员工中更是卧虎藏龙，有才华的员工到了年会现场就大放异彩，既可以通过表演节目展现自己的特长，又可以获得一个和企业高层对话、相处的时机。节目表演的形式多种多样，有最流行的穿越剧，有创意走秀、灯光秀、魔术表演、脱口秀，没有员工做不到，只有观众想不到。抽奖是年会上员工最为期待的一个环节，也是一家企业运营情况、员工福利的侧面反馈。不管大奖还是小奖，只要是能中奖，员工就很激动。红包雨也是必不可少的环节，即便员工没有中大奖，中阳光普照奖也不错。颁奖环节是年会上的高光时刻，精美的视频大片、绚烂的灯光配合煽情的颁奖词和金灿灿的奖杯，获奖的员工和团队走上舞台被授予荣誉并和颁奖者合影，台下的员工也备受鼓舞。

年会的形式在逐渐发生变化。逐渐从线下转到线上，从注重活动变成注重员工激励。有些企业设计了元宇宙年会，利用 app 为每个人生成虚拟形象，员工在虚拟空间观看演出或进行抽奖。除此之外，沉浸式故事剧情如鱿鱼游戏、国潮风"化装舞会"以及冰雪项目等，也盛极一时。在北京，环球影城一日游成了一些企业团建式年会的必选项，风靡社交平台。

搭建有效的传播平台

在企业内部搭建一个资源共享平台，让全员参与文化建设，自下而上地发声，让员工有地方、有渠道对企业的发展、存在的问题自由地发声，这样能够最大限度调动员工的积极性去参与企业的发展，所以很多企业的内部都会有这样的平台。

字节跳动内部的平台叫头条圈。这几年伴随着员工人数的快速扩张，字节跳动团队内部出现一些问题，这些问题投射在头条圈里有最直接的反应。头条圈出现了很多匿名的吐槽和情绪宣泄，管理层专门在一次例会后，花了近一个小时的时间，讨论是否有必要把头条圈实名制。一百多人讨论了半个多小时后开始投票，支持和反对者各占一半，继续讨论半小时后，支持匿名的声音成为主流。因为实名可能会导致发言者反复斟酌，真实的情绪被隐藏，措辞被修正，相对而言，匿名给人的表达压力更小。通过讨论，最后决定保留匿名，仍然鼓励大家实名讨论，但每个人匿名发言的次数会被记录，并显示在名字旁边，两个月有三次匿名发帖的机会。

蔚来也有一个这样的平台：Speak Out。企业为了保护员工的隐私，允许员工匿名发帖"蒙面不蒙心"，把发帖人称作"蒙面大侠"，通过这样的方式倡导理性发言，让发言者对自己说的话负责。当然，也有员工是为了发泄情绪到平台上吐槽，但是这也不是一件坏事，如果员工在公司内部的平台上把情绪都发泄出来了，他去外部平台上发泄情绪的可能性就降低了。有的时候员工和创始人会在平台上对话，在这个平台上创造很多经典的帖子，很多员工针对公司的发展表达自己的想法和建议，创始人直接回复，好的建议会被采纳。

腾讯有个内部社区叫腾讯乐享，乐享里有个板块叫乐问，腾讯对于这个内部论坛的原则是，只要发言不违反国家法律法规，不违反道德，绝对不删帖。腾讯员工也习惯在这里自由发言，有时候是自黑，有时候是吐槽，总经理办公室的成员也潜伏于此。微信钱包里有款产品叫作财付通，某天，有一位员工实在受不了财付通的体验，于是跑到乐问实名提问，贴了十几张图，详细罗列了每一步的操作过程，最后总结：太难用！没想到，马化腾本人看到了这个帖子，并在晚上 10 点多回复了这个帖子，表达了自己也觉得体验很烂，希望团队认真体会。

利用文化软装的穿透力

企业文化因为可感知、可触摸让人可以获得归属感和沉浸感。在公司内外，员工随时可能因为一个符号、一面墙壁、一个装饰、一张海报，就感知到企业文化的存在。企业文化不是高高在上的口号和理念，而是持续渗透在办公空间的细节之中，让人沉浸其中并与之融为一体。办公空间除了是员工办公和对外业务洽谈的场所之外，还发挥着企业文化实力展示和文化宣传的重要作用。

每家企业都会有文化软装的诉求，文化软装的方式和风格同企业的行业属性和设计美感是密切相关的。越来越多的企业对于美感和品质的要求越来越高。这里的美不是狭义的漂亮，而是高端、人性化和舒适感。真实也是一种美，简洁也是一种美，整齐也是一种美，细节也是一种美。在极简风格的企业里，办公室几乎没有任何吊牌，所有的导视和指引都不太容易被人发现。在互联网公司，色彩到处可见，手办到处可见。

文化软装以企业文化理念为核心，包括企业形象展示、企业文化传递、文化环境塑造和艺术环境搭建四个部分。文化软装中有几个重要的元素。第一，企业发展历程展示，包含企业的大事记、重要历史瞬间等，可以是纯文字描述，可以具有互动性，可以依靠科技手段呈现，也可以是实物展示。第二，企业荣誉墙，通常会被放置在企业最显眼的位置，来访的人员通过这面墙就可以看到企业获得的各类荣誉，感受企业的实力。荣誉墙的设计要真实不显得浮夸，更要美观和有震撼力。第三，成果和核心技术展示，科技企业和制造型企业通常会在大堂或者公共区域设计展台或者展厅，展示企业的硬核科技和成果。

■ **案例 5-4**

蔚来的 INNOVATION 的创新 [⊖]

蔚来把持续创新放到了价值体系中，从公司成立开始就在无止境的技术路上不断攀登。从 NOMI 到一键加电，从换电技术到全铝车身，从电池尺寸到 FOTA 升级，蔚来一直在把目标变成行动，从打破行业标准到建立行业标准。在蔚来全球总部（上海安亭），曾经有一个叫 NIO INNOVATION 的地方，这里是蔚来外部接待的展示区，这里有几个很重要的展示品。

一台全铝车身，它悬挂在空中，是全球量产 SUV 中铝件应用率最高的，蔚来具有完全的自主知识产权，打破了国外对全铝车身的技术垄断，实现了中国汽车人的全铝梦想。

蔚来专利墙，作为一家造车新势力，蔚来从成立之初就坚持自主研发，在每一个车型的设计、研发和制造上追求完美，因此，每一款车型几乎都会获得很多专利认证，尤其是全铝车身就获得了近百项专利。这才是对蔚来研发和制造能力的最好说明。

蔚来发展历程，低调且简单地介绍了蔚来的发展足迹和现在的业务布局。

在蔚来中国总部（合肥），一层的大堂简洁而纯粹，蔚来沿用蔚来空间（NIO Space）的设计风格设计了一个展区，在这里可以感受到一个蔚来空间是如何运作的，同时也有新款车型可以体验。

车友会展示墙，蔚来的用户社群里有一个很重要的组织就是车友会，同处于一个城市的蔚来车主可以申请成立车友会，车友们自动自发组织

⊖ 来源于企业内部资料。

很多活动，每个车友会都会有一个独特的名字和 logo，比如北京的车友会叫京蔚军，湖北的车友会叫作巴楚蔚和楚蔚堂等，整整一面墙都展示了蔚来的各地车友会。

如果从空间和功能上区分，文化软装可以分为三类：空间类、区域类和墙面类。

空间类的文化软装设计，以导视功能居多，功能性和实用性比较强。空间类的设计宗旨：强调功能主义，在设计中体现文化调性，传达准确的信息，符合人体工学，提倡优良造型，持久耐看。设计理念：有趣、温暖、和谐、理性、质感。体系标准：质监局对于导视有严格的标准和规则，在设计中要遵循设计手册的要求。设计分类：层级分类、ICON（图标）设计、标识符号。

区域类，包含办公区、会议区、面试区、休息区、公共区等。每个办公场所都包含很多会议室，大大小小的会议室不计其数，每间会议室都需要有一个名字。给会议室起名字是比较让人头疼的，既要让每个会议室都有一个名字，同时也要让名字之间有差异，如果名字的记忆感不强，或者相似度比较高，比如：会议室 1、会议室 2、会议室 3，一定会被员工吐槽，也不便于查找。所以企业通常会发起会议室征名活动，请员工脑洞大开，为会议室设计名字。

美团和京东的会议室都是围绕着城市来命名的，会根据公司的配送范围逐渐扩大，而且基本上都是地名。比如"上海""贵阳""长沙""济南""昆明"等，覆盖的地域越大，说明业务覆盖的范围越广。易车是李斌创立并且成功在美国上市的第二个公司，是中国最大的汽车网络导购平台，既然是汽车购物平台，会议室名称肯定都是由汽车名称来命名的，如 GTR、大黄蜂、高尔夫等。蔚来上海安亭总部每栋楼的会议室名字都是由地标性建筑或景点命名，比如豫园、田子坊、世纪公园、人民广场等。还会用的一些有代表性的城市命名，比如卑尔根、奥斯陆、斯塔万格等。途虎养车的会议室名字也很有意思，是围绕着公司主营业务汽车后市场的服务取名，比如，缸内直喷、涡轮增压、无级变速箱、火花塞等，如果是刚刚入职的伙伴，应该一时间还不能适应，会以为进了汽车维修厂。小红书北京分公司的办公室以各种程序命名，致敬为小红书发展默默在背后贡献了许多的程序员。

会议室里面最好有企业价值观和行为准则的内容展示，把需要强调的文化理念设计成文化墙、海报框、桌面贴纸、显示器开始画面等，这是侵入式的传播。培训教室和多功能厅，也是可以承载很多功能的地方，既可以是培训教室，也可以是图书角，或者是文化展示活动室。

面试区的核心功能是面试，也是对外展示区域，这个区域既要有功能性，又要有文化属性。可以把企业的业务版图、大事记等在这个区域展示，面试候选人看到这些信息会对企业有更直观的了解。休息区就不要放侵入式的内容了，最好是放一些个性化元素，一些好玩有趣的话题和内容，再摆设一些大沙发和懒人椅，员工到了这个区域就想"摆烂"，只谈生活不谈工作。

办公区的墙面分类繁多，任何一面墙都有宣传价值。企业的使命、愿景、价值观要放在整个职场里最显眼的位置。在不同的区域设计文化墙，文化墙可以分布在各个楼层的茶水间、面试间等，展示部门的企业文化相关的活动，记录员工在企业中成长的点滴。公告栏（电子屏）用于信息共享、传播最新活动资讯、项目预告和培训报名，也会轮播活动集锦和回顾视频。小红书北京分公司在公司前台门口，有一块超大的显示屏，滚动播放小红书的活动、视频、用户内容等，是宣传企业文化的一个重要窗口。显示屏旁边是一面文化墙，文化墙由可拆卸、组装的方块组合而成，当企业文化随着发展而有所变动和更替，或者想呈现一些其他内容的时候，这面文化墙可以像乐高积木一样随意组合，灵巧有趣又省时省力。

有独立办公楼或者园区的企业，会在园区里设计形象造型、精神领袖雕塑、园艺景观、浮雕墙等。有情怀的企业，会把公司的旧址保留下来，恢复成原貌，作为企业文化价值观的发源地，员工和外部访客都可以参观，直观地感受企业创始团队曾经创业的地方。美国的很多科技公司都起源于车库，比如惠普、苹果、谷歌和亚马逊，这些曾经作为创业起点的车库都被保存得完好如初。腾讯的起点是腾讯在深圳的第一间办公室，是马化腾和同学一起创业的地方，后来腾讯特地把这间办公室保留了下来，并且找到了当年的老物件，恢复了原貌，包括马化腾当年用的烟灰缸，都从家里翻了出来，放到办公桌上，用来回忆当年的腾讯。

让文化产品变得萌起来

对于 Z 世代的员工来说，他们更喜欢新颖、不拘一格的文化传播形式，所以一些小而美、形式新颖的文创产品更容易被他们所接受和喜爱，把企业文化理念实物化、场景化、动态化，使企业文化变得可体验、可触摸、可对话、可亲近，拉近和年轻人的距离，让他们来关注企业文化、"使用"企业文化、主动传播企业文化。

价值观壁纸是一个很实用的工具，是具有文化范儿的设计。价值观壁纸就是把月历结合公司的大事，融入文化理念和故事，设计成精美壁纸，每月推送给全员，既可以用作电脑端屏保，也可以用作手机端的壁纸。很多互联网企业都会设计价值观壁纸，既是很好的装饰品，同时也可以帮助员工做日历提醒，功能性非常强。

价值观表情包，让文字萌起来。企业文化理念给员工的感觉是严肃的、庄重的，相较纯文字而言，丰富、细腻的表情包往往更有乐趣。伴随着微信、飞书、钉钉等即时通信工具的发展，"表情包文化"已经进入主流文化的视野中，成为一种无法忽视的网络文化现象。我们在发微信的时候不发个表情包就感觉没有把自己的情感真实地表达出来，尤其是抢红包的时候，一个"谢谢老板"的表情包可以在微信群刷屏。如果把公司的 IP 形象或者价值观形象设计成积极阳光、充满正能量又不失可爱和调皮的卡通形象，做成表情包，通过这种"皮一下"的沟通方式，就能够让员工在繁忙的工作中互相调侃一下，这也是对压力的释放。

文化短视频，年轻人的重度依赖。年轻人不仅将短视频作为一种娱乐工具，更是一种日常生活、社交以及常识性知识普及的延伸。短视频特别适合讲文化故事，把文化理念以短视频的形式包装，每集可用 1~2 分钟时间，将大量的信息压缩成若干个知识点、若干个小故事，让员工可以利用碎片化的时间去看。字节跳动的"字节范"价值观视频轻松有趣，腾讯的 21 周年价值观更新的视频温度感十足，都圈粉无数。

感谢信，把爱传递给家人。如果能把企业的文化理念传递给员工的家人，员工将获得家人全力以赴的支持。在员工晋升时，企业可以给员工的家人寄一封感谢信，用创始人口吻告诉家人，员工在企业里多么努力，多么优秀，感谢家人的付出，家人的抱怨和不理解都会烟消云散，甚至会像裱画一样，把这封信装裱起来。

文化贴纸，萌萌的文化载体。每个人对于贴纸都会有一种偏爱，尤其是小朋友，喜欢把贴纸贴得哪里都是，其实作为大朋友，我们依然童心未泯。如果公司有一款萌萌的贴纸发布出来，员工愿意贴在桌子上、笔记本上、杯子上，或者任何可以贴的地方，甚至有才艺的小伙伴会用贴纸再拼出不同的图案和造型，比拼动手能力和创意。

五类特色企业文化培育

在企业文化升级阶段，除了要做文化复盘，要通过组织建设和制度建设来夯实企业文化工作，也要有意识地培育特色企业文化。特色企业文化的形成受两个因素的影响很大：一是行业总体特性，二是创始人独立个性。在培育特色企业文化方面，首先要看一下行业特性，同行业的企业文化有一定的相似性。为了能够直观看到行业特性导致的企业文化差异，笔者对比和整理了五个行业的企业文化，总结了不同行业的不同的企业文化特征。

高新科技企业：创新文化

高新科技企业是以高新技术为基础，从事一种或多种高新技术及其产品的研究、开发、生产和技术服务的知识密集、技术密集的经济实体。企业的核心竞争力是有突破性的产品和技术，并通过研发和创新不断颠覆现有的产品和技术，通过创新去引领前沿。高新科技企业的创新文化有三个特点：关注细节，敢于想象，保持激情。

高新科技产品的核心优势不仅在于功能，更是在于细节。过往的技术产品通常会注重产品性能而忽视细节体验，给人一种冰冷的距离感，苹果品牌的诞生，刷新了人们对于冰冷科技产品的认知。苹果的产品以完美设计和苛求细节闻名，简约独特的设计风格是基础，强大的功能和完善的生态系统是支撑，加上对细节的执着追求使苹果在手机行业成为最大的赢家。乔布斯本人对细节的追求几乎疯狂，就是因为他的疯狂，才让苹果手机受到用户的疯狂喜爱，让苹果经久不衰。除了产品本身，苹果的任何一间门店都是精雕细琢，几乎要经历 3~5 年的筹备才会开业，每一家苹果门店几乎都会和当地的文化完美融合，同时又让用户有近乎完美的进店体验。

敢于想象一定是创新文化中必不可少的，要颠覆和推翻已有的，创造更大的空间去想象和创造未知的。在创新型组织里，很多人才都用独立和批判的眼光去看待一切，他们与众不同，对于不完美说"不"，对于普通说"不"，对于不出众说"不"。批判性思维是建立在标准的逻辑基础上的独立思考，是不盲目服从权威或者习惯的自由意志。在面对大量信息时知道如何取舍，聚焦相关的重要信息，对其分析、评估、推论，勇于质疑、确证、改正权威、传统的推论或结果。

在人才的使用上，创新文化更看重人才的激情。高新技术产业是知识密集、技术密集的产业类型。每一个人都是高于市场价格招聘进来的，每一个团队都是精英的集合，企业花费大量精力和时间用于寻找那些最优秀的人，希望他们能够释放出更大的激情。大疆创始人汪滔把"激极尽志，求真品诚"八个字视为企业文化的内核，他对此也是身体力行的。大疆在研发团队建立了产品经理竞聘制度，只要是研发团队的人，不管来自哪个岗位或是来到公司多久，只要有点子，计划书能经受住研发团队主管们的拷问和质疑，就能带队开发产品。在 2012 年，汪滔为如何解决"精灵"系列空中悬停、画面平稳以及 360 度无遮挡拍摄等问题苦恼，一位大学还没毕业的实习生大胆地提出了自己的解决方案，没想到汪滔慨然赋予重任，交给他一个上百人的技术团队和数千万元研发资金，两年之后，第一架具有 360 度全视角高清摄像功能的变形无人机问世。

互联网企业：工程师文化

互联网企业泛指以计算机网络技术为基础，利用网络平台提供服务并因此获得收入的企业。在互联网企业里面，比较重要的岗位包括技术岗位和产品岗位，这些岗位的人才在企业里地位高、收入高、受人尊敬，他们通过产品和技术为企业带来价值。马化腾说："对于腾讯来说，业务和资金都不是最重要的，业务可以拓展，可以更换，资金可以吸收，而人才却是最不可轻易替代的，是我们最宝贵的财富。"谷歌的创始人佩奇多次在公司内部明确地讲："在谷歌，工程师是处在金字塔顶上的人，在公司的地位是最高的。"

工程师文化的特点：管理弱化、开放透明的环境、注重高投资回报。

在互联网企业，层级概念被弱化，一名工程师可以跨专业地提出对于产品的见解和想法，这些建议不会因为他不是管理人员而被忽视。在互联网企业，没有所谓的越级汇报、跨级调研，因为任何两个人之间本身就有信息传输的通道。弹性工作制是很多互联网企业开始选择的工作模式。弹性工作制让员工对工作时间有了一定的自由选择，他们可以自由按照自己的需要作息，上下班可以避免交通拥挤，并能独立地安排时间，同时，员工会感觉个人的权益得到了尊重。加班，是互联网企业的常态，公司里有数不清的项目，但是没有人是等着被安排的，都积极投入到各个项目中。很多互联网企业都设有专门的休息区，为员工提供休息设施，很多工程师为了赶进度，会住在公司或者附近的酒店，一直到产品或者功能更新上线。

保持开放透明的信息环境。互联网企业的企业文化都是非常透明的，管理透明，组织架构透明，这种透明让各类信息在内部能更高效、透明地流动，从而创造一个透明、高效的信息环境。在字节跳动，信息流动的效率是非常高的，因为内部管理信息透明，员工可以在内部查到任何一个同事的目标与关键成果法（Objectives and Key Results，OKR），新入职的员工可以在内网上查看企业所有历史资料，普通员工可以申请查看头条系的产品数据。开放和透明也意味着人人平等，不搞特殊。

注重高投资回报。互联网企业的薪酬水平相比其他行业来说，在市场上是非常有竞争力的。首先，互联网企业都是轻资产企业，人是最重要的投资。其次，互联网企业的研发成本相对低，新功能上线、产品迭代、软件更新几乎是每天都在发生的事情。最后，互联网企业人员流动率高，所以要通过高投资回报来留住人才。在同一家企业，不同等级工程师的薪资也呈现出金字塔式的差异，专家类人才和普通工程师的薪酬会有数量级的差别，甚至可能高过高层管理人员。如果员工还获得过国家专利或者一些创新型的奖项，那么社会地位和个人价值也会提高。所以，在互联网行业人才大战频繁发生。

地产行业：绿色文化和廉洁文化

绿色文化

说完互联网行业我们再说地产行业，地产行业一直都是支撑我国国民经济快速发展的重要产业。在互联网行业井喷式发展之前，地产企业是所谓的成长型企业，通过跑马圈地不断扩张。来自企洞察的数据显示，截至 2022 年 6 月，我国共有各类房地产相关企业 240 万家，2021 年新注册企业 46.4 万家，同比增长 14%。[⊖]进入 21 世纪，地产企业从粗放型管理进入精细化管理阶段，企业发展和社会责任并举，注重企业文化建设，更是把绿色、低碳、环保作为企业的发展重点和核心技术，并把这种理念应用到每一个建筑作品里面，因此绿色文化成为企业文化内容的一部分。随着"碳达峰、碳中和"目标的推动，绿色建筑成为转型风口。万科集团、绿城中国和中国金茂集团一直是中国绿色地产的领跑者。

万科集团是率先倡导建筑行业节能减排的中国房地产企业，一直关注社会发展对自然环境造成的影响。创始人王石曾经参加过多次联合国气候变化大会以及绿色环保公益活动，他说："不管市场怎么变化，绿色就是代表未来，将绿色进行到底，做得越早，坚持得越久，在未来才有可能生存。"万科的前总裁郁亮也一直倡导着绿色健康的生活和工作方式。中国金茂集团的使命是释放城市未来生命力，集团也在持续践行绿色理念，用绿色科技盖房子，很多建筑在国际上都获得了绿色环保大奖，企业的绿色战略从"生态城市""生命建筑""'零碳'运营"三个方面持续升级。绿城中国作为绿色建筑的探索者，在贯彻落实绿色与健康理念的基础上，积极探索、不断创新，先后发布了《绿色建筑实施手册》《绿色地产绿色健康建筑设计技术导则》《绿城中国绿色健康住宅技术标准工作指引》，并大力推进太阳能光伏应用研究等多维度的试验与研究，

⊖　资料来源：2022 年房地产行业研究报告，资产信息网。

致力降低房地产项目整个生命周期对环境及天然资源造成的影响。截至 2020 年底，绿城中国获评绿色建筑的项目近百个。

绿色文化强调：绿色办公、健康生活、绿色公益。

绿色文化的打造一定是由内而外，从绿色办公开始。为了能够推动绿色文化在企业内部的落地，企业应在内部宣传和普及绿色理念，建立相关制度，从组织保障、理念宣传和活动设计上进行完整的设计。绿色办公其实是培养员工绿色环保的工作习惯，比如洗手只用一张擦手纸，鼓励重拾手帕。企业可将写字楼里面办公室的照明灯换成节能灯泡，纸张要求二次打印和双面打印，避免出现单面打印的情况，设置办公室垃圾分类，培养员工垃圾分类的习惯。

绿色健康的生活方式离不开运动，跑步和绿色出行是地产企业比较推崇的生活方式。2020 年，绿城中国推行绿色出行，年内企业车辆使用明显减少，汽车空气污染物排放同比平均减少 51.5%，其温室气体排放同比减少 39%。万科集团天生就具有运动基因，王石和郁亮都攀登过世界之巅珠穆朗玛峰，从公司到社区，运动作为一种精神，深入企业的骨髓，每到一个地方出差，郁亮都会约万科当地公司的长跑协会一起跑步。潘石屹、毛大庆也都是地产圈里面有名的跑步达人。

■ **案例 5-5**

万科的跑步文化 [⊖]

万科的两位核心高管都是跑步达人，万科内部也逐渐形成了跑步文化。万科内部甚至还建立了运动健康档案，除了例行的员工体检之外，

⊖ 资料来源：跑道上的万科郁亮：做最充分的选手，房天下。

万科为员工进行体质测试，给每个员工建立运动健康档案，员工的体重、体能要跟管理层的绩效奖金挂钩。如果与前一年相比相关指标出现下降，部门管理层的部分奖金会被扣除。分公司的办公室设置了淋浴间和健身设备，这样员工就没有借口不参加运动了。在万科的很多地方都能发现大幅海报推广跑步，有趣的是，很可能海报下面就放着体重秤。万科内刊《邻居》也增加了跑步专栏，健康管理已深入公司的方方面面。万科在全国50多家城市公司大规模推行跑步运动，在北上广深等城市举办"城市乐跑赛"，在小区修建跑步道和健身乐园。很多人把万科戏称为"万科运动员股份有限公司"，而万科还真的把这几个字印在了马拉松比赛的T恤上。

■ 案例5-6

中国金茂的绿跑大赛 [⊖]

在2012年计划中国金茂成立10周年主题活动的时候，公司希望能够让这个周年活动更加有意义：能够连接公司的绿色战略；能够让每位金茂人都参与进来。经过几次讨论，中国金茂决定组织绿跑大赛。绿跑大赛最核心的内容就是低碳跑、全员跑。将全国的项目布局连在一起，设计了一个全国绿跑的联动地图，以北京总部作为出发点，组织第一场绿跑大赛，之后全国各地各个公司开始接力跑，慢慢地在这张金茂绿跑地图上出现了更多的点，由点连成一条线，由一条线变成一个绿色的网，金茂人全员参与的绿跑网。

公关部邀请了优质业主、媒体方、供应商，一起参与绿色马拉松活

⊖ 资料来源于公司内部。

动。这项活动不仅丰富了内部文化建设，更是给金茂带来了很好的社会效应。这场活动组织得很成功，逐渐演变成了公司的一个传统的品牌项目。直到现在，绿色马拉松也是金茂传统的品牌活动。

地产企业注重和环保公益组织合作，会在内部举办绿色环保知识PK赛，普及绿色环保知识，同时教员工如何把废旧报纸和纸箱变成手工艺品，定期组织废旧报纸兑换绿植活动，员工可以将办公室内的多余的纸张转换成绿植。地产企业具有建立绿色基地的独特优势，企业可以和园林供应商合作，打造属于企业的绿色基地，让绿色理念更加深入人心。建立绿色基地可以实现两个目的：第一，为项目建设提供木材；第二，每年组织员工去基地植树，让员工亲手去栽种绿植，为大自然贡献更多的绿色。除了种树之外，员工还可以在基地认养树木，长成后的树木可以用于企业的园艺项目。

廉洁文化

地产行业是直面诱惑的一个行业，从业人员的思想防线一旦崩塌，就容易出现贪腐问题。廉洁从业不光是要求，更是对员工职业安全的保护，因此一定要警钟长鸣。

廉洁文化的三个特点：强化教育、从严管理、民主监督。

廉洁文化建设首先要从思想入手，强化教育。廉洁从业培训是地产企业全员的必修课，从新员工培训开始，企业就要不断强调廉洁从业的意义和腐败的危害性。廉洁从业培训课程里包含大量鲜活的职场犯罪案例，每一个案例都触目惊心。定期的反腐倡廉教育，也是地产企业另外一堂必修课，企业组织关键岗位和敏感岗位到教育基地进行反腐倡廉教育培训，用反面警示教育敲碎侥幸心理，让员工认清贪污腐败必将断送自己前程和自由的结局。企业日常要注重廉洁从业主题宣传，使关键岗位、敏感岗位充分认识到廉洁是光荣和必要的，贪污腐败对个人、家庭会造成严重后果。

　　廉洁文化建设要建立规范的制度，涉及财务、采购、销售等岗位的制度要透明和公开化，接受全员的监督。设立管理红线，明确奖惩力度，一经内部发现要从重从严处理，对于关键岗位和高危人群要签订承诺书，建立契约精神。

　　在项目开发、工程施工、工程竣工和验收、房地产销售以及交房等工作开展的过程中，设立三方甚至多方监督制度。企业开通民主监督邮箱，任何员工发现身边有腐败苗头、腐败行为都可以匿名举报，企业要保护举报者，对于举报情况客观调查，有报必查。

汽车制造行业：精益文化

　　2015 年的政府工作报告中，首次提出"互联网 +"行动计划，推动移动互联网、云计算、大数据、物联网等与现代制造业结合。政府的大力扶持，加上人工智能在自动驾驶领域中的成熟应用，整个现代汽车制造行业开始快速向互联网转型，利用互联网、大数据、芯片、算法等方式让汽车制造业不再沉闷，变得更加智能。

　　一提到汽车制造行业就会提到精益文化，因为精益文化代表的是质量文化。精益生产是衍生自丰田生产方式的管理哲学，是杜绝浪费和无间断的作业流程，而非分批和排队等候的一种生产方式。精益化生产指通过系统结构、人员组织、运行方式和市场供求等方面的变革，使生产系统能很快适应用户需求的不断变化，并能使生产过程中一切无用、多余的东西被精减。传统的精益生产和精益管理是追求低成本、高效率，而在互联网＋时代，精益管理在原有的基础上被赋予了新的含义。

精益文化的特点：精益创业、持续改善、体系化效率。

精益创业是互联网＋产品思维的选择。精益创业是英文 Lean Startup 直译过来的，源于互联网初创企业，最早出现在硅谷，近几年在全球扩散。精益创业是一种用于开发产品和服务的方法论，旨在缩短产品开发周期，并快速发现产品创意构思是否可行。应用这种方法论的企业会先在市场中投入一个极简的原型产品，然后通过不断学习和有价值的用户反馈进行验证，进而对产品进行快速迭代优化，以适应市场。精益产品开发试图在企业的早期阶段消除浪费，增加价值，从而使企业在不需要大量外部资金的情况下，获得更好的成功机会、详细的商业计划或完美的产品。

精益创业的三个核心步骤如图 5-5 所示：构建（build），建构最小可行性产品；验证（measure），通过访谈和调研衡量产品的可行性；迭代（learn），根据用户反馈，验证初心，迭代和优化产品，构建新的产品模型。

持续改善是企业在推进精益管理过程中，对工

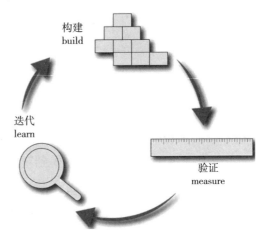

图 5-5　精益创业的三个核心步骤

作中好的做法、成功经验进行系统的总结和提炼，从而形成特有的文化内核，以指导实践，实现工作高效有序运转。通过日常活动和定期审核持续促进战略目标的执行，改善活动致力于了解目标、掌握现状、评估现状与实际之间的差距，并采取具体行动来缩小现状与目标的差距。当改善的流程应用到战略执行过程中时，就可以通过 PDCA 循环持续滚动，进而逐步形成企业的改善文化。

PDCA 循环（见图 5-6）是美国质量管理专家沃尔特·A. 休哈特（Walter A. Shewhart）首先提出的，全面质量管理的思想基础和方法依据就是 PDCA 循环。PDCA 循环将质量管理分为四个阶段，即 plan（计划）、do（执行）、check（检查）和 action（处理）。在质量管理活动中，要求把各项工作做出计划、执行计划、检查实施效果，然后将成功的纳入标准，不成功的留待下一循环去解决。

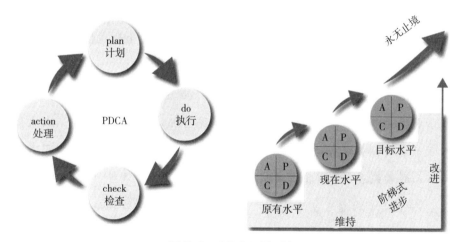

图 5-6　PDCA 循环法

体系化效率不仅是杜绝浪费的体现，还是系统性思维的体现。资源稀缺和高成本已经并仍在成为当今和未来世界产业发展的一大制约，速度又是现代汽车制造业能够跑赢赛道的要求。所以，对于质量的要求，就是"零事故""零缺陷""零差错"；对于成本和效率的要求，不仅仅是"零浪费"，更是要有全局、全生命周期观的思考方式。既要看短期成本和效率，也要考虑全局的、全程的、全生命周期的成本和效率。既要通过低成本获得高收益，也要通过体系化思考，获得长远收益。

■ 案例 5-7

一个尺寸电池包的故事 [⊖]

　　蔚来的 ES8 型号电动汽车是 2017 年上市的，为满足 350km+ 续航的里程目标，结合 ES8 的 2 460kg 车重和当时的电池技术，在充分考虑了底盘能够给予电池的空间后，经评估确定了首款容池的容量为 70 千瓦时。在电池的外形和安装方式的设计上，ES8 采用垂直安装设计和扁平化外形，为换电提供了极好的便利性，对车身的空间要求最友好，兼顾了后续小车型和轿车的开发需求。保持一个标准尺寸和规格，对于设计的安全系数有非常好的保障，也便于产品的升级迭代。

　　蔚来致力于开发全新的电动车平台，在"车电解耦"的机制下，工程师将电池和车身的开发独立并行，实现电池的可升级可更换，大大缩短了开发时间，也大大降低了开发成本。未来，电池内部还可以用其他材料和结构来进一步降低成本，从而提高产品的毛利率。

　　一个尺寸的电池包为电池之外的车身设计和后续构建 BaaS 等体系化效率提升，奠定了基础。2020 年 4 月 23 日，四部委发布《关于完善新能源汽车推广应用财政补贴政策的通知》中规定："新能源乘用车补贴

　　⊖　来源于企业内部资料。

前售价须在 30 万元以下（含 30 万元），为鼓励'换电'新型商业模式发展，加快新能源汽车推广，'换电模式'车辆不受此规定。"也就是说，采用换电模式的蔚来不受 30 万元价格限制。"换电"在蔚来的商业模式上已经被验证其可行性，因为蔚来电池包尺寸都是一致的，更有利于梯次利用，这些都可以给公司带来更多回报。李斌提过一个概念：寿命大均衡，即电池的合理运营可以在满足车辆性能需求的情况下，将电池生命周期的价值最大化。不同用户的驾驶习惯不尽相同，每块电池的性能状态也有所差别，我们可以通过换电优化平衡，确保用户体验不打折扣。最富有戏剧性的一件事就是 2019 年 4 月 22 日起的四例 ES8 车型冒烟、起火事件，都因电池设计问题引发。面对不菲的成本，公司第一考虑的还是用户的安全和对蔚来信任，管理层当机立断，组织调查并推进召回处理，最终在 26 个无休止的日夜里，完成了 4 803 块电池的召回，赢得了业界和用户的一致认可。这不仅挽回了用户的信任，也拯救了蔚来，如果不是因为"一个尺寸电池包"实现了电池的可升级和可更换，恐怕这个结果是无法想象的。

新零售行业：艺术文化

在中国，零售行业依然是朝阳行业，伴随着新零售时代的来临，整个行业都在急剧转型。有数据显示，自 2017 年开始，线上客户增长逐渐缓慢，线下消费回暖势头明显，尤其是高档消费不减反增，消费者更愿意从线上回到线下，寻求更好的、更高品质、更个性化的消费体验。

新零售一定离不开互联网，通过大数据和互联网重构"人、货、场"

等商业要素，形成了一种新的商业业态。新零售是线下与线上的深度结合，伴随着物联网技术的成熟以及在零售领域的应用，线下实体与智慧物流、大数据、云计算等创新技术深度融合，零售业进入物联网＋零售阶段。

新零售行业的三个文化特点：关注文化内涵、创造极致体验和多维创新方式。

新零售时代，零售行业开始深耕文化，打造线下实体独特的文化内涵和文化定位如商品的欣赏价值、艺术价值和文化特质等。新零售主要面对的是"95后""00后"甚至是"10后"的消费群体，他们的消费习惯、购物方式、偏好的空间类型以及品牌都与以往消费群体很不一样。线下实体要与潮流同步，要凸显品牌的个性化，既要满足消费者的心理需求，同时追求个性和时尚。香港K11就是全球首个把艺术、人文、自然三大核心元素融合的原创品牌。商场在每层放置了多件艺术品，全部由K11创办人兼主席郑志刚挑选，艺术品有座椅、挂饰、外墙装饰及巨型雕塑等，大部分由本地艺术家创作。场内设有19个展览陈列窗，遍布于商场四层的店铺之间，供本地艺术家展示作品，展品3个月更换一次。

消费主权时代到来，消费者对商品与消费的适配度要求更高，促使大量新兴消费品和服务涌现，也提高了消费者的期待。消费者不再满足于优质的商品，更期待看到商品为自己带来价值。新零售赋予了消费者极致的体验，消费者购物从物质的满足上升为心理的满足。商场不仅仅是商场，是艺术中心，是社交中心，是体验中心，是娱乐中心，是一个复合功能体。针对年轻人的购物天堂，不能像老派购物中心那样循规蹈矩，这里所有品牌都要用自己的审美包装陈列台，未来主义混搭暗黑，少女感的鲜花夹杂浓烈大色块，与其说是逛街不如说是看展。澳门大运河购物中心，以其独有的水生态空间组合威尼斯小镇商业场景成为全球水主题购物中心的典范。整个购物中心被一幅偌大的天幕覆盖，天幕可配合电脑控制的灯光效果，营造出日出日落的云彩和天色，配合特色街道、运河、里亚特桥，环境典雅瑰丽，令旅客仿如置身昔日威尼斯的街道，这种模式被国内的很多商业复制。

零售行业要利用科技手段，将精力投入有效目标客群，加强与他们的黏性并与之有效互动，让他们成为忠实会员。线下实体要作为创新体验零售与沉浸艺术融合的智能空间，以情感销售延伸，为新消费社群创造一个传递多元文化与年轻生活方式的平台。

■ **案例 5–8**

TX 淮海年轻力中心 "策展型零售" 空间确实有点不一样 [⊖]

如今的商业体，纷纷打出"内容为王"的旗帜，TX 淮海在争夺年轻客群的浪潮中，通过颠覆性的美术馆展览空间体验，正在快速成为年轻人社交 + 消费的首选。这种源自共同的喜好汇聚一堂的族群消费行为天然具备了超强黏性，族群商业的精准捕捉推动了 TX 淮海实现空间效用和商业价值最大化！

艺术 + 商业，重新梳理"人、货、场"

TX，是 THEATRE X（X，应是理解为 cross，意为跨界）的缩写，要"以超前眼界为年轻人打造一个糅合潮流、艺术与创造力的新领域"，

⊖　资料来源：TX 淮海年轻力中心"策展型零售"空间确实有点不一样。

重燃淮海路中段热闹的日常，打造全新"年轻力中心"。

上海的 TX 淮海年轻力文化中心以"策展型零售"的概念将艺术和文化视为辅助手段，帮助品牌打造出更好的氛围。它将策展转化为零售新力量，并通过故事来讲述一些网红话题，同时以情感销售延伸商机，为新消费社群创造了一个传递多元文化与年轻生活方式的平台。

国潮文化在这里对接年轻消费者

商场总体分为三种展览空间，分别是公共空间、商业零售空间和主题空间。作为创新体验零售与沉浸艺术融合的智能空间，TX 淮海以"DIGITAL 数字化、OASIS 可持续、URBAN 都市、X（COLLABORATION）跨界"为城市永续发展的核心理念，这也是 TX 淮海倡导的生活方式。

"圣地"不一定是能够买到最新的东西，但是它会产生一些社群文化或者潮流方向的引导，TX 淮海首先要做的是文化，并且是年轻人的潮流文化，希望未来这里可以成为中国潮牌的圣地，只要一想到最新潮的东西，第一反应就是 TX 淮海。

■ 本章回顾

1. 处于快速发展阶段的企业，没有了发展期的焦虑，却有了发展中的危机。这个阶段的企业要从战略、业务、组织、人才和品牌等维度进行升级和进化，每一次升级都会带来阵痛，企业要做好引导，统一思想，坚定地推动企业升级。

2. 对于处于快速发展阶段的企业来说，企业文化要配合企业升

级进行文化回看，结合文化存在的突出问题进行升级或者文化
再造。

3. 文化组织保障是企业文化建设发展阶段必不可少的，既要有上
层建筑也要有"民间组织"，相辅相成，运作合理，发挥作用。

4. 企业特色文化包括公司范儿的文化个性，如周年文化、年会文
化、平台文化、文化软装和小而美的文化产品，通过文化建设
的个性化呈现，让内部的企业文化活动成为公司的品牌形象。

5. 在企业文化升级阶段，要注重培育特色文化，认清行业特性带
来的文化差异，比如高新科技企业的创新文化、互联网企业的
工程师文化、地产行业的绿色文化和廉洁文化、汽车制造行业
的精益文化和新零售行业的艺术文化。

第 6 章

成长型企业文化建设三部曲：成熟稳定期建立闭环

成熟稳定期的五个特征

经历过快速成长之后，企业进入了成熟稳定期，不确定的因素逐渐减少，由多年实践打磨出来的管理模式和标准已经形成体系。在这个阶段企业要更加注重修炼内功，提升自身的经营及管理水平，从而走向一个新的高度。这个阶段的优秀企业会呈现以下五个管理特征。

特征一，精细化管理。精细化管理不是指精益管理，而是指管理方式的精细化，要落实管理责任，将管理责任具体化、明确化。精细化管理包括三个核心动作：战略拆解具体化，工作标准要细化，目标和成果可量化。

战略拆解具体化。战略拆解是从战略出发，到确定战略举措、实施战略的一组相关关键任务的集合。战略拆解要明确重点工作，并以年、季度、月为单位制定具体措施，包括行动计划、阶段性目标、责任部门和工作任务等，并明确优先级。战略拆解的任务是可衡量的，是全体员工可理解、可执行、可管理的重点工作，和每个员工的工作都能够建立关联。战略目标越是可衡量，员工的工作方向就越明确，产生的工作行为就越正确。华为有自己的战略拆解工具，即业务执行模型（business execution model，BEM），是华为将六西格玛质量方法融入战略执行领域，形成的华为业务战略执行方法。BEM 包括战略意图、市场洞察、创新焦点和业务设计四个模块，通过对战略逻辑逐层解码，导出可衡量的管理战略的关键绩效指标以及可执行的重点工作和改进项目。

　　工作标准要细化。只有将工作标准细化，才能确保结果可量化。可从以下五个方面实现：第一，设定的工作要求要清晰明了，员工能够理解和接受；第二，标准要明确，工作任务要高质量完成，才能确保达到目标；第三，行动落地要有时间要求，细化工作标准后，要制订行动计划，明确起始时间，让员工有目标感；第四，要跟踪反馈，定期跟踪反馈工作进展；第五，要有评价机制，对于做得好与差都有评价标准，做得好，超出预期要激励，做得不好，没有达到预期要有反馈和辅导。

　　目标和成果可量化。KPI 和 OKR 这两种工具是目前比较通用的工作评价工具。KPI（key performance indicator）是关键绩效指标，主要考核团队或者员工绩效，用于对工作结果的回顾和评价。OKR（objectives and key results）是目标与关键成果法，将战略和执行分解为两个部分：目标和关键成果，先设定一个目标，再定义如何实现目标。OKR 首先在惠普、英特尔、谷歌等公司应用，之后被脸书、领英、百度、华为、字节跳动等企业逐渐使用。蔚来有一个独特的目标设定工具，叫作 VAU（vision action upgrade），通过对目标实现过程的自驱管理拉通目标，鼓励挑战和沟通协作，并能快速迭代。Vision（目标）承接组织战略和上级目标，明确前进方向。Action（行动）是实现 Vision 的关键行动，是路径，是方法，通过有挑战性的、可衡量的行为制定和追踪，可以判断目标达成状态。Upgrade（迭代更新）是在行动中动态敏捷地对目标和进度进行跟踪、迭代和优化，以便应对目标实现过程中的变化，确保正确地做事，每个人的 VAU 在公司内部系统里都是公开的。VAU 也是层层分解的，总部的 Action 传导下来就会变成部门的 Vision，员工根据部门的 Action 设定自己的 Vision。VAU 制定的目的不是考核，而是用于挑战目标的制定和关键行动的达成，是一个激励性质的目标制定方法。

特征二，持续创新。创新是企业实现长远发展的灵魂和动力，这个不确定的时代要求组织和个人突破自身局限，培养灵活的创新思维和创新能力。在中化集团前董事长宁高宁看来，企业的根本使命就是创新与创造，面对新时期的机遇和挑战，必须设定打造科学技术驱动的世界一流综合性企业的战略目标。宝洁的里程碑来自产品的创新，主要动力来自技术突破、新发明、跨产品科技应用等。宝洁在全球有 18 个大型技术研究中心，拥有 8 300 名科学技术研究人员，其中有 2 000 名具有博士学位。

对于成熟的企业来说，更要保持持续的激情和能力，在以下三个方面进行创新。

第一，理念创新。理念创新是前提，对企业各级人员来说，要打破固有思维，敢于设定挑战性目标，打破常规，用新颖独特的视角去解决问题，提出与众不同的解决方案。创新思维是要以人为本，将人的需求、技术可能性以及对商业成功的需求整合在一起。设计思维是一种创新的思维模式，也是一种创新的工具，它通过提出有意义的创意和想法，来解决用户的实际问题。通过共情—定义问题—创意奇想—原型制作—用户测试这五个步骤，并可做到重复这五个步骤来持续迭代方案。

第二，人才创新。在企业的人力资源管理和规划方面，鼓励创新型人才的引入，注重内部创新型人才的培养。创新型人才通常表现出灵活、开放、好奇的个性，具有精力充沛、坚持不懈、注意力集中、想象力丰富以及富于冒险精神等特征，这样的人才在组织里有时会显得与众不同，或者想法过于跳跃。皮克斯动画工作室的重要人物，前首席创意官约翰·拉塞特（John Lasseter）毕业以后的第一份工作是在加利福尼亚的迪士尼乐园做动画师。那个年代的动画都是先用笔和纸画出来，再做成电影胶片。有一天他看到了一个会议视频，视频中介绍了新兴的电脑动画技术，他萌生了一个大胆的想法，要拍一部完全用电脑动画技术制作的电影，并兴冲冲地和经理讲了他的想法。没想到，他得到的反馈是他被解雇了，理由是：他的疯狂想法让他无法专心工作。被解雇以后，拉塞特加入了皮克斯的前身乔治·卢卡斯电影公司的电脑动画部，他下定决心要用电脑动画技术制作一部电影，经过不懈努力终于制作出第一部电影《玩具总动员》。戏剧性的是，在22年后，迪士尼用74亿美元收购了皮克斯，并任命拉塞特为沃尔特·迪士尼幻想工程的首席创意顾问。

第三，机制创新。企业要建立鼓励和支持创新的制度，营造创新氛围。在理念层面要把创新作为企业文化理念重要的一条。企业在设计机制和薪酬体系时，在创新方面增加更多的奖励机制，从利益回报和激励手段上强化对创新的保护。蔚来曾邀请到了特斯拉前亚太区人才顾问张琦博士分享硅谷的人才创新之谜，他分享了特斯拉的六条军规，让人印象深刻。

■ **案例 6-1**

特斯拉的六条军规

1. Move fast —快速行动

特斯拉"快"的三层含义：决策快、执行力、打破常规。决策快——"宁愿做一个错误的决定也比不做决定好，犹豫不决会要了你的命，我们要在快速决策中快速修正，小步快跑快速迭代。"执行力——"永远有人比你更勤快、比你更拼。"打破常规——"敢于做出一些打破规则的事情，你才能比人更快一步，不能怕事。"

2. Do the impossible —做别人认为不可能的事情

"向月亮进发，即使失败，你也置身群星之间。"特斯拉第二条军规：做别人认为不可能的事情，眼界决定高度，敢于设定高目标。火箭、无人驾驶、登陆火星，这都是别人想都不敢想的事情，但是特斯拉正一步一步地实现它们。特斯拉创新精神：容忍失败，勇于尝试！

3. Constantly innovate —持续创新

互联网时代是一个快速迭代的时代。特斯拉正不断地用自身的表现去诠释它的第三条军规："持续创新"。

4. Reason from "First Principles" —第一性原理思考

第一性原理是量子力学中的一个术语，意思是从头算，无须任何经验参数，只用少量基本数据（质子/中子、光速等）做量子计算，得出分子结构和物质的性质，很接近于反映宇宙本质的原理。这也是特斯拉的第四条军规："根据问题的本质出发，独立思考。"可以用苹果之父乔布斯的话来解释："不要让别人的观点淹没自己内心的声音。"

第一性原理的思维方式强调质疑，不轻易接受否定的答案。运用第一性原理思考问题，强调在基本事实的基础上探究问题的本源，不被过去的经验知识所干扰。

5. Think like owners 一像创始人一样思考

特斯拉第五条军规，就是像创始人一样思考，它包含了"主人翁精神、信息公开透明、信任的力量"几层含义。对于企业，怎么让员工拥有主人翁精神？企业内部先要做到信息公开透明，只有这样，相互信任的力量才能最大化。

6. We are ALL IN 一全力以赴

马斯克在建立特斯拉的时候，把自己的身家 1.5 亿美元全部投进去。如果失败，他将一无所有，因为在那之前他连房子都没有买过。在火箭回收计划中，特斯拉经历了三次失败，损失了几千万美元。在回答记者提问的时候，马斯克说："我永远不会放弃，我的意思是，永远。"特斯拉精神："使命必达！"

特征三，关注细节。细节决定成败，关注细节不等同于吹毛求疵，因为细节绝对不是小事。企业的运行过程就是由无数的细节连接而形成的，最终变成一个复杂的系统，每个细节都会给整个大局带来意想不到的连锁反应。一方面，管理者要有关注细节的意识，不放过任何一个细小的问题；另一方面，要培养员工接受、实现细节的能力，从点滴做起，在细微处着眼，脚踏实地，把每一细节做到"零缺陷"，只有这样才能造就真正了不起的事业。

乔布斯对于细节的严苛人尽皆知，他对完美的追求、对细节的挑剔已经达到极致。在带领团队研发麦金塔电脑（Mac）时，有一次，乔布斯走进了操作系统工程师的办公室，抱怨开机启动时间太长。工程师试图解释，但乔布斯没给他机会，直接打断了他，乔布斯问："如果能救人一命的话，你愿意想办法让启动时间缩短 10 秒钟吗？"工程师说："愿意。"于是，乔布斯走到一块白板前开始演示，如果有 500 万人使用 Mac，而每天开机都要多用 10 秒钟，加起来每年都要浪费大约 3 亿分钟，而 3 亿分钟相当于至少 100 个人的寿命。大家听完乔布斯的演示后当时就震惊了。几周过后，乔布斯再来看的时候，Mac 的启动时间缩短了 28 秒。

特征四，敏捷执行。执行力的量化就是在管理中对工作内容及制度以量化的形式提出要求，并使之涵盖工作全过程。具有细节量化意识的管理者在布置工作时，通常会将具体时间、具体动作、结果要求等贯穿在整项工作的过程中，而且还会尽可能将每一个细节量化，希望将管理工作做得更透彻、更精细，同时也更规范、更有秩序，以便为员工提供参考。

在现在的企业管理中，为了提升执行力，敏捷的方法论是必不可少的一部分，因为敏捷方法论是提升执行力很重要的一个手段。爱彼迎、Spotify（声田）、谷歌、亚马逊等很多领先的公司都以敏捷作为提升管理创新和产品开发执行力的一种方式。敏捷执行力是从目标设定开始就要建立系统的思维方式，确定优先级，在制订计划时要考虑可能存在的风险点，并制定预判措施。敏捷执行力要求按日执行，拒绝拖延，每日检查工作进度，用可视化的结果来验证一天的成果。敏捷执行力也要求建立复盘文化，持续提升工作效率，并在内部沉淀成智库。

创新工具—敏捷开发中的 MVP。MVP 是最小可行性产品（minimum viable product）的缩写，如图 6-1 所示，是一种产品思想，以极低的成本、最快的速度向用户交付产品的主要功能及特色。通过及早地接触用户，获取用户反馈和市场验证来改进产品，并进行迭代升级。MVP 是为了验证假设而做的最小规模的实验，产品的版本迭代要经过不断实验，直到证明产品是合适的。

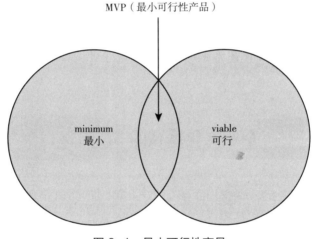

图 6-1　最小可行性产品

MVP 的小批量方式可以让初创企业把可能被浪费的时间、金钱和精力降到最低；减小批量可以比竞争对手更快完成开发—测试—认知的反馈循环。

特征五，数字思维。随着人工智能、大数据、云计算等数字化技术的迅速发展，社会、商业、生活各个方面都发生了巨大的变化，数字化的产品与服务给生活和工作带来极大的便利。国家的"十四五"规划重点提到了数字经济两大块：数字产业化和产业数字化。对于企业创始人来说，建立数字化的管理思维，有助于看懂未来企业的数字化运营图，建立企业的数字化运营与组织管理结构，了解数字化时代人的需求。

数字化被称作信息的 DNA，可以给商业带来更多价值，创造全新体验与商业模式。数字化并不是对以往的企业信息化推倒重来，而是整合优化以往的企业信息化系统，在整合优化的基础上，提升管理和运营水平，用新的技术手段提升企业的技术能力，以支撑企业适应数字化转型变化带来的新要求。数字化思维是有成熟的方法论和工具技巧可以学习的，企业利用数据能够解决业务问题，找寻新的机会，提升数字化变革领导力，通过数字化来组织、领导和管理企业变革。

企业文化体系的 5E 闭环

组织文化之父、麻省理工学院教授埃德加·沙因曾经说过："如果我们不能将组织文化作为应对变革的首要资源，所谓的组织学习、组织发展、组织变革都无从谈起。"数字技术驱动着社会与生活的巨大变革，对企业来说，在对商业模式及顾客价值创造的探索中，管理创新是必然的选择。时代在变，科技在向善，企业的内在驱动没有变化，企业文化建设依然是重中之重。企业文化体系建设是一项复杂的工程，既要和公司的发展、战略一脉相承，又要能够指导员工的日常工作，更要易于员工接受和理解。企业文化建设不是以点带面，而是要形成一个"文化升级（escalation）—文化成长（empowerment）—文化评估（evaluation）—文化激励（encouragement）—文化全景（entire frame）"体系建设的闭环，简称 5E Cycle（5E 闭环），如图 6-2 所示。

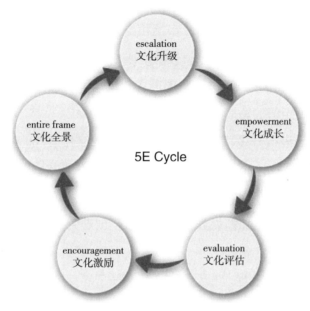

图 6-2　企业文化体系的 5E Cycle（5E 闭环）

文化升级：理念迭代

企业文化建设的第一步就是形成企业文化理念，如果企业已有的第 1 版理念已经接近完美且经过体系化思考，并且深入人心，那么现阶段的迭代方向和动作更要谨慎。迭代是互联网时代的常用语，最早是用作系统的升级，理念迭代是指企业已经形成了自己的文化理念 1.0 版本，随着企业的整体升级，需要对现有理念的内容进行迭代和升级，形成 2.0 版本。文化理念迭代是企业发展的必然选择，但不是所有的企业都有必要进行文化理念迭代，它需要天时、地利、人和，只有在时机成熟的时候，文化理念迭代才能落地并发挥作用。

理念迭代的机遇和挑战

企业的快速发展会给用户、市场和员工带来极大的信心，企业要及时进行复盘和总结，对照战略目标看阶段性成果和存在的差距；合理分析每个阶段的动作和关键举措；根据企业现有的特点和问题分析原因，总结规律，制定新的举措；对照相应的举措，从组织、文化、战略、人才结构等方面进行升级和迭代。这阶段的企业文化迭代的目的有两个，一是让组织更强壮，二是自上而下统一认知、强化理念。

企业的升级必定要求管理层的升级，处理不当会出现管理层动荡甚至是大换血的局面，即便做到了平稳过渡，也难免有管理人员和管理团队发生变化。局外人看得热闹，而创始人看得心酸。每一次管理层的动荡都是对企业的抗压力、市场的信任度、员工的支持度和企业文化的健康度的严峻考验。管理层是企业最核心的力量，是企业发展的腰部力量，管理层的变动必然带来大批人员的流动。如果管理层持续变动，也会给企业的未来发展带来极大的不确定性。为了防止企业文化被稀释，思想被扰乱，必须要稳定内部军心，这个阶段有必要利用企业文化理念迭代的机会，重申文化主张，组织讨论学习，通过对文化体系的讨论与学习，增强凝聚力，达成共识。

企业的快速扩张会使业务变得多元化，从单一产品发展为多样性产品，从强相关发展为跨行业、多品类的业务组合。业务的多元化给企业发展带来更多的优势，制定总体战略规划时的视野更加开阔，可以改善现有资源的配置，从容地应对各种突发情况。然而，多元化也给企业文化带来了极大的威胁：业务的多元化，产品和服务的不断迭代，人员的不断迭代，原有文化被不断稀释，新的文化强势入驻。如果原有文化可以包容新的文化，那就可以相融，如果不能相融，就要考虑建立多元文化体系，要让文化变得更加包容，让文化理念可以相辅相成。

　　从 2008 年开始，中国企业全球化的脚步就逐渐加快，在《财富》世界 500 强行列的中国企业几乎都是全球化运营。全球化的标志，可以是组织和供应链的全球化、团队的全球化、营销的全球化。这些年，中国企业全球化，又有了一个新名词，叫作"出海"。在中国企业出海的进程中，越来越多的企业认识到管理本土化和文化全球化的重要性。从华为到海尔，从字节跳动到蔚来，中国企业从不同方面向全球化发起猛攻，既要有国际化布局的能力，也要有文化融合的能力。可口可乐前董事长伍德鲁夫有一句名言："假如我的工厂被大火毁灭，假如遭遇世界金融风暴，但只要有可口可乐的品牌，第二天我又将重新站起。"这就是对可口可乐品牌和文化的自信。2019~2020 年是企业文化变革年，很多优秀企业这几年对文化理念内容进行了调整。

■ 案例 6-2
被纳入国资委深度研究的中化集团企业文化理念升级三阶段 ⊖

　　中化集团的前身是 1950 年成立的中国进口公司。与中华人民共和国共成长的中化集团，在其 70 余年的发展历程中，不断拼搏，经历了贸易进出口、产业发展和科技创新三个重要阶段，中化集团企业文化理念的发展经历了以下这三个阶段。

　　⊖　资料来源：【深度报告——研究】战略转型期企业文化的重塑与建设——以中化集团"科学至上"企业文化为例，国务院国有资产监督管理委员会（sasac.gov.cn）。

第一阶段：爱国、奋斗、进取（1950~1998年）。1949年后，为打破西方国家对我国贸易发展的不友好政策，中国进口公司承担起向国内进口战略物资的重任，并逐渐发展为专营石油化工商品贸易的进出口企业，成为我国对外贸易的主要企业。爱国、奋斗、进取是中化集团在这一时期企业文化的写照，引领了中化集团近半个世纪的发展方向。

第二阶段：创造价值，追求卓越（1998~2016年）。随着改革开放的持续深入，中化集团版图不断扩张，但过快扩张和粗放经营带来了庞杂的业务和大量不良资产，集团风雨飘摇、濒临倒闭。刚刚上任的集团总裁刘德树意识到，文化价值理念的缺失和管理能力的不足是危机爆发的内在原因，因此树立了"创造价值，追求卓越"和"真诚做人，用心做事"的价值理念。集团痛定思痛，打破铁工资、铁交椅、铁饭碗的"三铁"。总部管理层的关键岗位人员更换了三分之二，大批年轻干部走马上任，集团在5年内关停并转下属机构400余家，更率先在国内建立了科学规范的管理体系。中化集团用了10年时间渡过难关，建立了中化集团的文化体系，五大板块一脉相承，更实现了业绩的突破性增长，成为促进产业发展和服务国民经济的重要力量。中化集团的世界500强排名从1998年开始年年攀升，到了2019年进入前100名。

第三阶段：科学至上，知行合一（2016~2023年）。2016年宁高宁履新中化集团董事长。同年5月，集团高层战略研讨会开了三天三夜，"创新"走入了集团战略和文化的中心。2017年，宁高宁在集团经理人年会上提出"创新三角"，即创新主体、创新方式和创新文化，指出"要让创新成为中化人的思维方式和工作方法"。2018年，经过两年深入观察、实践与思考，"科学至上"企业文化系统正式发布，树立了中化企业文化变革新的里程碑。

■ 案例 6-3

21 岁的腾讯进入文化 3.0 时代 [⊖]

文化 1.0

腾讯创立于 1998 年 11 月，在 2003 年，腾讯第一次发布公司使命与愿景，即"用户依赖的朋友、快乐活力的大学、领先的市场地位、值得尊重的合作伙伴、稳定和合理的利润"与"创一流的互联网企业"。

愿景：创一流的互联网企业。

使命：让互联网服务像水和电一样融入人们生活。

价值观：务实、专注、合作、创新、快乐活力大学。

文化 2.0

2005 年，腾讯更换了新的品牌标识，绿、黄、红三色轨迹线环绕的小企鹅标识构成的品牌标识主体是品牌标识中最为醒目的部分。同年，腾讯发布了第二个版本的使命与愿景，即"通过互联网服务提升人类生活品质"与"最受尊敬的互联网企业"，并将公司价值观定为"正直、尽责、合作、创新"。

愿景：最受尊敬的互联网企业。

使命：通过互联网服务提升人类生活品质。

价值观：正直、尽责、合作、创新。

企业精神：锐意进取、追求卓越。

经营理念：一切以用户价值为依归，发展安全健康活跃平台。

⊖　资料来源：揭秘鹅厂 23 周年司庆：企业文化怎么玩出新花样？

管理理念：关心员工成长、强化执行能力、追求高效和谐、平衡激励约束。

文化 3.0

2019 年，在腾讯成立 21 周年纪念日，腾讯董事会主席兼首席执行官马化腾、腾讯总裁刘炽平及全体总经理办公室成员向四万多员工发出全员邮件，正式公布腾讯全新的愿景及使命为"用户为本，科技向善"，并将公司价值观更新为"正直、进取、协作、创造"，标志着腾讯正在从一家互联网公司蜕变为以互联网为基础的科技与文化公司。

愿景及使命：用户为本，科技向善。

价值观：正直、进取、协作、创造。

这次迭代中，使命和愿景合并到了一起，"用户为本，科技向善"不仅是腾讯的企业使命，也是腾讯的愿景。"用户为本"强调"用户"，"科技向善"强调"责任"，将使命与愿景合二为一。

■ **案例 6-4**

蔚来文化理念的进阶之路 [⊖]

蔚来成立于 2014 年，在 2015 年就有了 1.0 版本的文化理念，在第 1 版文化理念中，就提出了一个愿景，即"创造愉悦的生活方式"，五个驱动力（做事的方法论），即"成为用户企业、超越期待的全程体验、极致品质 / 超高价值、体系化效率和设计驱动"，四个价值观（做人的原则），即"真诚、关爱、远见、行动"。

⊖ 资料来源于公司内部。

2020 年，蔚来正式发布了文化理念 2.0 版本，其中，对于使命和愿景有了清晰的定义和描述，更新了驱动力，强调持续创新，更新后的价值体系更加完整。

使命：创造愉悦的生活方式。我们立志将蔚来打造成一个以车为起点的社区，一个分享欢乐、共同成长的社区。

愿景：成为用户企业。为用户满意而存在；通过我们的成功，帮助用户实现自我价值。

五个驱动力：从用户利益出发、超越期待的全程体验、持续创新、体系化效率、设计驱动。

四个价值观：真诚、关爱、远见、行动。

■ 案例 6-5

字节跳动将"多元兼容"加入企业文化理念 ⊖

"字节范"被认为是字节跳动员工的工作方式和行为共识，最早由字节跳动创始人兼 CEO 张一鸣在公司成立六周年年会上提出，共包括五条内容："追求极致、务实敢为、开放谦逊、坦诚清晰、始终创业。"2020 年，成立八周年之际，字节跳动更新了企业文化，加入第六条核心原则"多元兼容"，旨在打造多元化的全球团队。

从 2015 年开始，字节跳动在海外陆续推出了多款有影响力的产品，包括 TikTok、Lark、Helo 等。2018 年，张一鸣定下了"小目标"，表示希望三年内实现全球化，即超过一半的用户来自海外。

⊖　资料来源：字节跳动企业文化新增"多元兼容"，打造全球化团队。

■ 案例 6-6

京东文化理念的演变历程 ⊖

拥有少年初心诞生文化理念 1.0

在 2003 年，因为"非典"疫情，刘强东被迫从中关村的一个柜台走到线上平台。京东从成立的第一天起，就把"敢想""敢做"作为信念。京东当时的定位是做一个一体化的购物平台，因此它的使命是：让购物变得简单快乐。

青春期的烦恼带来文化理念 2.0

到了 2012 年，京东逐步进入了一个新的发展阶段：规模更大、业务更丰富，同时内外部关系也更加复杂。在复杂的背景下，京东发起了文化理念的重新梳理，整个文化理念梳理的过程是一个自上而下的全员共识的过程。

至暗时刻孕育文化理念 3.0

京东在急剧扩张规模的同时，管理、企业文化建设和更新并没有跟上。大企业病、傲慢、山头主义等问题开始出现，整个公司失去了活力。2018 年是京东的"至暗时刻"，内外问题的集中爆发将京东推上了风口浪尖，京东士气一度非常低下。但这也正是京东自我认知、去芜存菁的契机。京东用了一年多的时间按照战略、组织、机制、人才、文化理念、业务六条线进行了梳理，重新梳理了公司定位、新版使命和新的价值观。

⊖　资料来源：组织发展 | 华为 / 阿里 / 京东 / 腾讯的企业文化变迁，搜狐网。

文化理念迭代的侧重点

文化理念迭代要结合企业的实际情况寻找切入点。

如果企业在快速发展期，要分析支持企业快速发展的企业文化元素有哪些，过去在企业文化建设工作上的成功经验有哪些，这些经验在当前的环境下是否依然适用，面向未来企业文化还需要哪些新的元素。

如果企业在管理动荡期，要反思现阶段企业文化哪里出了问题，是人的问题还是组织的问题，这些问题能否解决，解决问题的方式和途径是什么，可以吸取的经验教训是什么。

如果企业在全球化阶段，要看企业需要引入什么样的文化，现有文化工作的局限性在哪里，突破点在哪里，文化全球化最大的障碍是什么，如何解决。

企业文化的迭代也分为广义和狭义。广义的迭代，包括使命、愿景、价值观，再到的组织结构、制度、流程、仪式、活动、习惯，等等。使命、愿景、价值观发生变化，会导致企业的各个层面发生变化，这种迭代方式相当于企业的再造过程，这个过程需要花费的时间非常长，慢则四五年，快则两三年。

狭义的迭代，是指在现有的企业文化体系的基础上进行升级、微调、细化等工作，是对现有企业文化体系的认同，也是对于现有企业整体发展、方向和治理的巩固。狭义的迭代主要有三个机会点。

机会点 1：结构升级。对文化理念的结构进行升级，准确把握与理解使命、愿景、价值观的层次、差异与逻辑关系。"使命"与"愿景"经常被混淆，可以利用这次机会对其进行重申和澄清，还可以对企业文化体系进行产品化包装，定义新的名字，比如"字节范""独孤九剑"，等等。

机会点 2：清晰释义。如果有些文化理念的释义不够清晰，晦涩难懂，员工就无法理解其真正的含义，企业需要让释义更加清晰易懂。如果有些释义已经成了现实，就需要对其重新定义、重新整理。如果原有版本的释义会让人有误解，就需要进行澄清，以便让员工正确理解。有些组织的价值观条数会比较多，这样的价值观就需要简化，通常简化到五六条就可以，既要涵盖全面，也要容易记住。

机会点 3：故事化解读。讲故事是企业进行文化理念解读比较常用的一种方式，企业可以讲企业的发展历程、公司故事、员工故事，可以在不同的场合讲不同的故事。公司故事可以是公司级大事件，比如公司生死攸关的时刻、公司里程碑的事件、突破性的成绩等；比如在艰难时刻，公司没有为了利益而放弃对价值观的坚守，这样的故事比较经典，而且时间越久越容易传承。员工故事可以从部门和员工故事中选取，结合业务特点去解读。公司故事比较经典，但是和员工的关联度不够强，员工学习和讨论的空间也不足。在部门内部，在员工身边都有很多有价值的故事和经典案例可以学习，参考这些故事，员工就知道该怎么做，知道该如何用价值观来指导自己的工作。将企业文化故事整理成册，用文字的方式传承下去，就可以作为工具应用于新员工培训，应用于员工面对面的活动等。

理念落地三步法

第一步：讨论与共识。

组织建立：既然要做企业文化理念迭代，首先要和管理层达成共识，确定迭代的目的和大概的方向。同时，要明确部门，安排专门的人和团队负责推动工作。

方案确定：文化理念迭代不是一蹴而就的事情，在方案制订过程中需要反复讨论，反复论证。在这个过程中，可以先做局部的需求整理，讨论方案思路，并听取意见，根据意见调整方案。

资料整理：整理过往企业文化建设的相关文件，将管理者过往对企业文化的解读和要求，对照现有的内容进行修缮，并整理成讲义讨论稿。

行业对标：看一下国内外同行业的企业文化理念内容和优秀做法，借鉴其内容。对标那些跑在前面的企业，或者发展更快的企业，看看它们的企业文化理念描述，以及落地方式。

意见听取：组织员工座谈会、焦点小组访谈，将整理好的内容与员工进行沟通，听取员工意见。

前期确认：经过资料整理和意见听取，文化理念 1.0 的迭代方案和具体内容基本形成，接下来可以组织管理层讨论，对于思路内容和行动计划，一般要经过几轮的打磨才有可能确定。将要讨论的内容与部分员工代表和核心管理人员进行沟通，收集反馈，再次迭代，形成文化理念 2.0 版本。在腾讯的文化理念 1.0 版本和 2.0 版本中，对于使命和愿景的描述都是清晰的，但是 3.0 版本的诞生却经历了很长时间，最后，管理层对于使命和愿景没有讨论出定论，就干脆把使命和愿景合并到一起："用户为本、科技向善"。

组织高层管理会议：将梳理出来的文化理念提交高层进行解读和分析，听取反馈，并统一思想。企业的文化理念必须得到高层管理人员的尊重和认同，因为这是企业在可预见的未来希望实现的目标的直观景象，关乎企业未来的发展方向，是企业力求达到的产业地位目标，是通用的管理语言。只有得到他们尊重和认同的文化理念才能确保与核心大脑同频共振，发生任何问题的时候，都能以共同的思维模式和判断标准做决策，不发生决策偏差。

组织核心管理层研讨会：核心管理层在企业管理中的作用是复杂和关键的，核心管理层既是企业文化和变革的倡导者、战略的推动者、合规的管控者，也是数据的设计和解读者。企业一定要利用集中的时间组织核心管理层专门学习和重温企业文化理念，利用研讨会梳理现有管理层在企业文化践行方面存在的问题，并制订行动计划。

第二步：确定与发布。

全员发布：在企业文化理念确定后，要由创始人亲自讲解确定版的文化理念，向全员正式发布。理念发布可以借助公司级的活动，比如司庆、周年庆、年会、季度战略会等重要场合；也可以通过邮件、视频等方式发布。如果有必要，可以请外部专家来配合，创始人讲理念的部分，外部专家做行业分享。

以部门为单位组织员工学习新版理念，部门负责人和人力资源负责人要积极推动。企业文化迭代相关部门可以设计研讨会的形式，制定一套完整的流程，赋能给部门负责人和人力资源负责人。结合具体业务工作讨论更新后的文化理念更有助于加深理解，部门层面围绕每一条理念去整理部门故事和案例，这些案例更容易让部门员工产生共鸣。案例整理的对象包括成功经验案例和待改进的案例，结合工作中常见的文化误区和矛盾，厘清矛盾点背后的原因，制订解决方案，最终形成部门落地计划。作为部门负责人，要参与到部门的研讨会中，倾听一线员工的心声，帮助员工更好地理解企业文化理念。

第三步：宣传与应用的若干个方式。

企业内部的网络平台：在企业内部的网络平台上，设立企业文化专栏或单独模块，发布企业文化理念，对企业文化建设工作推进过程中的重要节点进行持续传播，营造氛围。

专题宣传：在企业内部设计宣传专题，以讲故事的方式对文化理念进行宣传和解读。邀请一些员工代表为文化理念代言，作为文化理念传播大使。

文化可视化：文化可视化的形式要丰富多彩、有创意，可以利用职场海报框、多媒体屏幕以及其他可视化方式进行内容更新；可以设计有趣的文化周边作为激励奖品，让员工在获得快乐的同时也收获了学习；可以借助小程序设计文化挑战小游戏，让员工在游戏挑战中学习并赢得奖励。

公众号：利用企业的公众号、自媒体，发布企业文化理念，可以从品牌建设的角度对外传播，解读细化版理念与企业发展的关系，加深用户对企业的理解。

专业传播：成功的企业文化建设案例会被国内外商学院、培训机构、咨询机构作为经典案例应用于教学和咨询，比如海尔的吃掉休克鱼的案例，就被哈佛商学院列入学习案例中，蔚来的案例也已经被搬上了哈佛商学院的讲台。

企业文化是企业和员工经过长期实践并沉淀出来的，是基于过往的成功经验演变出来的，会逐渐内化成为员工习惯性的思维和行为模式。在一定程度上，企业文化建设是企业在用过去的成功经验来引领当下的工作。如果内外部环境没有发生变化，那么成功的经验可以延续，如果内外部发生了变化，或者持续发生变化，那么原有的成功经验就可能会失效，甚至成为企业发展的绊脚石。所以文化理念一定要根据企业的实际发展情况及时迭代。

进入互联网时代，一切都提速了，我们处在一个巨变的时代。人群的快速变化、人的理念的快速变化、技术的飞快迭代、市场环境的不确定性都迫使文化理念快速变化，企业要想与时俱进并始终领先，就必须让文化理念适时迭代，保持前瞻性。

文化成长：培训赋能

企业文化培训不仅仅是要讲文化理念的内容，更是要把企业的发展历程、产品和业务融合在一起，通过培训给员工一个完整的认知。企业文化培训的方式也不是单纯的授课，而是要让员工参与，通过案例研讨、行动学习等方式，让员工成为培训课程的主人。行动学习的核心包括行动和学习两个环节，行动的部分主要包括研讨、学习活动、体验活动、执行行动方案；学习的部分包括知识点、方法论、案例、框架知识等。行动学习有很多种方式，比如世界咖啡、未来探索、开放空间等，优势是能够把发散与收敛融合在一起。很多大型企业都形成了具有企业特色的行动学习的方法论，比如，中化集团前董事长宁高宁借助团队学习方法，分别加快了华润、中粮和中化集团三家《财富》世界500强企业的转型升级速度，提升了组织的竞争优势。团队学习法已经在很多企业实践过，成为一套成熟的、操作性极强的方法论。通用电气的Workout、微软的Teamwork、摩托罗拉的六西格玛和丰田的KAIZEN都是经过企业长期实践形成的行动学习的方法论。

设立企业文化必修课，课程的核心内容是企业文化理念，课程的形式可以多样化，比如团队拓展、跨团队的分享交流、去优秀企业参访学习，或者是企业内部的高管面对面。员工每年要至少参加一次课程学习，通过学习加深和巩固对于企业文化的理解。

人才梯队建设是一项相当复杂的系统工程，与企业人才战略规划、人才招聘、人才培养、培训管理、职业发展管理、晋升管理、薪酬激励和绩效考核等息息相关。企业要搭建以文化理念为核心的人才培养体系，设计胜任素质模型，结合培养人的素质现状，制订出有针对性的培养学习计划。培养学习计划的实施形式可以是多种多样的，如内部课堂培训、委外进修、外派培训、岗位轮换等。企业对于人才梯队要加强管理，包括绩效考核、培养评估、异动晋升管理等，通过强化梯队人才的进出机制，保障人才梯队建设的顺利进行。跟踪考核是企业识别培养效果的衡量标准，可以采取 360 度评估的方式，在阶段考核中合格的人员可进入下一阶段的培养，企业还要及时将其纳入人才库并提拔至培养岗位。

■ 案例 6-7

谷歌氧气计划 [⊖]

2008 年，谷歌实施了一项揭示最佳管理者特质的计划——"氧气计划"（Project Oxygen），经过大量的数据分析、访谈和建模之后，谷歌通过数据得到了 8 个指标，并把这 8 个指标作为对经理人每年的核心考核与评价标准。在 2018 年，谷歌根据最新的研究和内部数据更新了谷歌最佳管理者的行为表述，提出了"谷歌最佳管理者的 10 项氧气行为"。

- 成为一个好的教练。
- 给团队赋权而不是管控入微。
- 创造一个包容的团队环境，关注员工的成功与幸福。
- 具有工作效力而且是结果导向。
- 是一个好的沟通者，善于倾听和分享信息。

⊖ 资料来源：谷歌：优秀管理者的 10 项特质，你占了几项？，团队（sohu.com）。

- 助力员工的职业发展，讨论绩效。
- 为团队设立清晰的愿景和战略。
- 具有关键的技术能力，能够指导团队工作。
- 在谷歌内部有效协作。
- 做出强有力的决策。

■ **案例 6-8**

亚马逊 16 条领导力准则 [○]

　　截至 2022 年 9 月，亚马逊员工总数为 150 万人 [○]，它能成为一个世界顶级的投资公司，除了贝佐斯的超人能力之外，也得益于一个良好的企业文化基础。亚马逊领导力准则原有 14 个，在 2021 年，亚马逊又添加了两条新"口号"。是确保亚马逊整个公司健康运行及成功的文化体系。不管是在面试流程中，还是新员工的入职培训中，亚马逊领导力准则都会被提到，从而保证亚马逊强大的团队凝聚力和严苛的人才甄选机制。

痴迷客户（customer obsession）

　　领导者从客户入手，再反向推动工作。他们努力工作，赢得并维系客户对他们的信任。虽然领导者会关注竞争对手，但是他们更关注客户。

主人翁精神（ownership）

　　领导者就是主人翁。他们会从长远考虑，不会为了短期业绩而牺牲

○　资料来源：2021 年亚马逊最新 16 条领导力原则，工作（sohu.com）。

○　资料来源：美媒：亚马逊公司继续裁员总数累计或超 1.8 万人，中新网。

长期价值。他们不仅仅代表自己的团队，而且代表整个公司行事。他们绝不会说"那不是我的工作"。

创新简化（invent and simplify）

领导者期望并要求自己的团队进行创新和发明，并始终寻求使工作简化的方法。他们了解外界动态，四处寻找新的创意，并且不局限于"非我发明"的观念。"当我们开展新事物时，我们要接受被长期误解的可能。"

决策正确（are right, a lot）

领导者在大多数情况下都能做出正确的决定。他们拥有卓越的业务判断能力和敏锐的直觉，他们寻求多样的视角，并挑战自己的观念。

好奇求知（learn and be curious）

领导者从不停止学习，并不断寻找机会以提升自己。领导者对各种可能性充满好奇并付诸行动加以探索。

选贤育能（hire and develop the best）

领导者不断提升招聘和晋升员工的标准。他们表彰杰出的人才，并乐于在组织中通过轮岗磨砺他们。领导者培养领导人才，他们严肃地对待自己育才树人的职责。领导者从员工角度出发，创建职业发展机制。

最高标准（insist on the highest standards）

领导者有着近乎严苛的高标准，这些标准在很多人看来可能高得不可理喻。领导者不断提高标准，激励自己的团队提供优质的产品、服务和流程。领导者会确保任何问题不会蔓延，及时彻底解决问题并确保问题不再出现。

远见卓识（think big）

局限性思考只能带来局限性的结果。领导者大胆提出并阐明大局策略，由此激发良好的成果。他们从不同的角度考虑问题，并广泛寻找服务客户的方式。

崇尚行动（bias for action）

速度对业务的影响至关重要。很多决策和行动都可以改变，因此不需要进行过于广泛的推敲。他们提倡在深思熟虑的前提下进行冒险。

勤俭节约（frugality）

力争以更少的投入实现更大的产出。勤俭节约可以让他们开动脑筋、自给自足并不断创新。增加人力、预算以及固定支出并不会赢得额外的加分。

赢得信任（earn trust）

领导者专注倾听，坦诚沟通，尊重他人。领导者敢于自我批评，即便这样做会令自己尴尬或难堪。他们并不认为自己或其团队总是对的。领导者会以最佳领导者和团队为标准来要求自己及其团队。

刨根问底（dive deep）

领导者深入各个环节，随时掌控细节，经常进行审核，当数据与传闻不一致时持有怀疑态度。领导者不会遗漏任何工作。

敢于谏言，服从大局（have backbone; disagree and commit）

领导者必须要能够不卑不亢地质疑他们无法苟同的决策，哪怕这样做让人心烦意乱，精疲力竭。领导者要信念坚定、矢志不移。他们不会为了保持一团和气而屈就妥协。一旦做出决定，他们就会全身心地致力于实现目标。

达成业绩（deliver results）

领导者会关注其业务的关键决定条件，确保工作质量并及时完成。尽管遭受挫折，领导者依然勇于面对挑战，从不气馁。

努力成为这个星球上最好的雇主（strive to be earth's best employer）

亚马逊告诫领导者，要带着同理心领导，要带着乐趣工作，要让别人更容易享受到乐趣。

公司越成功、规模越大，要承担的责任越多（success and scale bring broad responsibility）

我们必须谦逊，甚至要思考自身行为的副作用。在客户、员工、合作伙伴甚至全世界面前，我们要做出更好的决定，做得更好，每天都要抱着这样的心态开始工作。

■ 案例 6-9

通用电气 15 种领导力模型 ⊖

在 20 世纪 90 年代，通用电气 CEO 杰克·韦尔奇为了帮助企业转型，制定了包含以下 10 种能力的领导能力模型。

- 愿景（vision）。
- 客户 / 质量至上（customer/quality focus）。
- 诚信（integrity）。
- 责任心 / 投入（accountability/commitment）。
- 沟通 / 影响（communication/influence）。
- 共同承担 / 无边界（shared ownership/boundaryless）。
- 团队建设者 / 授权（team builder/empowerment）。
- 知识 / 专业技能 / 智慧（knowledge/expertise/intellect）。
- 主动 / 速度（initiative/speed）。
- 全球化思维方式（global mindset）。

2001 年杰夫·伊梅尔特接任通用电气 CEO 之后，随着经营环境的改变，他发现企业当时所面临的形势与韦尔奇时代又大不相同：靠并购成长的阶段已过去，企业现在要靠由创新和创业精神驱动的内部成长来发展。这一外部环境的变化对领导人才提出了不同的能力要求。在参照了 15 家 10 年来年增长率达到全球 GDP 3 倍的内外部公司的人才标准之后，通用电气于 2004 年底发布了领导人才的 5 种新能力。

⊖ 杨国安. 组织能力的杨三角：企业持续成功的秘诀 [M]. 2 版. 北京：机械工业出版社，2015.

- 市场和外部导向（market and external focus）。
- 清晰战略思考（clear thinker）。
- 想象力与勇气（imagination and courage）。
- 吸纳和网罗人才（inclusiveness）。
- 专业技能（expertise）。

文化评估：工具应用

工具应用是企业文化落地最重要的一步，也是最复杂的一步，因为要把文化理念设计成工具，并把工具渗透到日常管理中，渗透到公司的管理体系中。通常企业文化理念作为工具可以在企业的以下几个场景中去应用。

价值观面试

价值观是一个人对是非的判断或选择的思维倾向，随着人年龄的增长，价值观逐渐形成且难以改变。举个例子，如果一个人认为金钱比个人成长更重要，那么在他做职业选择时会把收入放到第一位，通过跳槽、创业等方式实现财富梦想；如果一个人更加注重个人成就的实现，那么当个人和团队出现冲突时，可能他会先从个人角度考虑问题。正是因为价值观会影响一个人的行为选择，所以企业在招人时要判断候选人的价值观，在面试环节要加入价值观面试。如果候选人各方面都非常优秀，只有个人价值观和企业的价值观不符，那么候选人即便入职企业，也会显得格格不入，迟早会出问题。举个例子，创业企业都强调艰苦奋斗，在面试过程中，如果候选人表达的求职动机是想找比较安逸和稳定的工作，在他入职后会跟不上或者不愿意跟上企业的快节奏，很快就会被淘汰。企业在不同的发展阶段，对于人才的要求和价值观筛选标准也可能会发生变化，不能一直用一个标准去招聘，否则会把错误的人招进企业。我接触过的一个创业企业，当时企业处于快速发展阶段，需要引入更加高端的人才，经过投资人推荐，企业的创始人认识了一位该领域的渠道拓展和市场营销方面的专家，三顾茅庐请到这位专家加入企业。然而这位专家入职后的表现却让人大跌眼镜，他能力强，经验丰富，对于市场的判断准确，但是，他每天定点上下班，周末拒绝加班，即便是周末企业要召开重要的经营会议，他也会经常请假。从他的行为上可以看出，虽然选择了创业企业，但是他更希望体面地、稳定地、有规律地工作，并且希望把工作时间和生活时间分得很清楚，那他的职业价值观明显和现阶段企业的价值观不符合。经过几个月的艰难决定，最后创始人还是把他劝退了，双方不欢而散。

所以在面试环节，一定要用价值观作为衡量标准去判断是否找到了对的人。把价值观的释义转换成面试评价标准，对候选人的工作方式、工作标准和价值观进行双向评价。在面试官的选择上，企业可以设立专门的价值观面试官，或者给人力资源和业务负责人培训，教会他们使用面试工具，学会如何进行价值观面试，通过面试的方式识别出在价值观上匹配的员工。

面试环节可以采用结构化面试，面试官的角色不同，面试的要求不同，要根据面试角色分别设计面试评分表以及面试题库。面试评分表是为了统一面试评价标准，每一轮面试，面试官都要写评价标准，对候选人的价值观进行打分。面试题库的设计是方便面试官提问题，面试官可以参照问题进行提问，也可以自由发挥，表6-1列举了一些国内外企业的价值观面试模式：

表 6-1 价值观面试模式

维度	亚马逊	上汽大众	字节跳动	阿里巴巴
面试工具	价值观 19 题	人才模型	融入价值观问题	闻味官
操作模式	候选人面试前要完成 19 题测试	线上测评和线下面试	面试官通过提问对候选人进行评价	人力资源伙伴最后把关"闻味道"
面试内容	价值观面试题目	测评试题	没有固定内容	聊聊工作、家庭、人生、理想和对工作的看法

目标设定

企业的愿景需要通过有挑战性的目标和关键行动去实现，成熟的企业需要建立目标管理体系，设定有挑战的工作目标，激发员工的潜能，发挥员工的主观能动性。

OKR 是一个为确保达成企业目标的关键结果分解与实施的工具。在《Google OKR 员工手册》中，对于 OKR 有着详尽的介绍，OKR 作为一款工具，可以发挥这几个作用。① OKR 是沟通工具，团队中的每个人都要写 OKR，这些 OKR 都会在企业的系统里公开可见。② OKR 是成长工具，企业要设立 OKR 跟进机制，月度回顾，时时跟进，季度调整。互联网企业的变化非常快，企业每季度都要组织 OKR 的回顾和下季度 OKR 的调整，调整的原则是"目标"（objectives）不变，调整"关键结果"（key results）。③ OKR 是推动员工追求卓越的工具，员工在制定挑战性目标时，要问自己一个问题："如果解除了绝大多数限制，那么我或者我的客户的世界看起来应该是什么样的？"④ OKR 是挑战目标设定工具，用来统一目标而非衡量成果，一般不作为考核标准。

OKR 制定要自上而下层层落实，企业的管理层要先达成共识，确定今年企业的整体 OKR，排列各项的优先级，每个核心成员再制定自己的 OKR。企业中层人员根据企业的 OKR 和部门实际情况制定部门 OKR。员工参照部门 OKR 设定个人 OKR。OKR 也强调产出，"目标"制定是第一步，"关键结果"是第二步，设定若干可以量化的"关键结果"，可以帮助自己实现"目标"。

价值观考核

在价值观驱动的企业里面，对员工的工作评价，不能以工作结果作为单一维度，应该多维度评价，要把价值观作为员工工作评价机制的重要组成部分。工作评价的方式可以是自下而上的，首先员工自评，之后请上级评价。价值观评价要多维度，可以采用 360 度评估的方法，包括自评和他评，他评里面包含下级评价、工作相关方评价、上级评价，甚至是合作伙伴评价，通过不同维度，为员工的价值行为提供反馈，帮助其提升。

关于是否应把价值观考核纳入员工绩效考核的争论一直都存在，目前有两种方式可以参考。一种方式是设置工作业绩和价值观各占一定的百分比，比如：工作业绩占到 70%，价值观考核占到 30%，诚信正直作为一票否决项，如果员工的诚信正直分数为零，年度绩效结果就是零。另外一种方式，是以工作业绩考核为主，把价值观变成系数，建议不超过 30%，因为工作业绩评价可以用实际的数字和指标来衡量，价值观评价则带有一定的主观性，系数太高会影响评价结果。举个例子，某位员工拥有某项核心技术，工作能力强，属于团队成果的核心贡献者，但是他不爱社交，喜欢独来独往，周边同事对他不了解。在做绩效评价时，可能价值观的分数不高，如果价值观系数很高的话，会直接影响该员工的绩效结果。

文化激励：荣誉体系

荣誉体系的搭建原则

荣誉体系搭建是企业文化建设工作的一部分，荣誉体系的搭建有利于向员工传递企业的价值观；通过荣誉体系的搭建和荣誉奖项的设立，可以及时肯定员工的工作成绩和价值，激发员工的工作积极性。每个人的荣誉感都是与生俱来的，从小开始，我们就渴望被表扬，渴望被认可。从小学到大学，学校也会设立各种荣誉机制来激励我们努力学习，到了社会上，我们更需要被激励、被认可。荣誉体系的搭建，也是企业在为员工搭建一个成长和发展的平台，员工得到了足够的重视和尊重，会为企业的持续发展保持工作热情和积蓄动力。通过荣誉激励，也会树立一批符合和代表企业价值观的个人和团队，他们的故事更具有感染力和影响力，用榜样的力量带动员工向榜样看齐，努力的方向就会更加明确。

荣誉激励认可要贯穿员工的生命周期，要覆盖所有层级，包括基层、骨干、中层再到核心管理层，荣誉激励持续的周期越长，覆盖的层级越广，员工对自己在企业里可见的成长路径就越清晰，对企业的归属感就越强。荣誉激励体系的搭建要有规划和分类，既要有个人荣誉也要有集体荣誉，既要有年度激励也要有即时激励，既要有工作激励也要有专项激励。荣誉激励要和员工的晋升及发展通道相挂钩，这才是员工最看重的一点，也是荣誉激励最核心的一点。

荣誉激励体系建立最终的目的是认可优秀人才和促进组织的发展，提升企业竞争力。荣誉激励要认可和激励的是那些在工作中创造更大价值，有更大贡献的个人和团队。这些选拔出来的个人和团队，也是企业要重点培养和发展的对象，通过培养和发展，他们逐渐成为企业的核心优势。

荣誉体系搭建可以从公司层面—业务层面—部门层面出发，设置不同类别和不同形式的奖项，包括即时激励到长期激励，把公司层面和部门层面的激励上下打通，如图 6-3 所示。

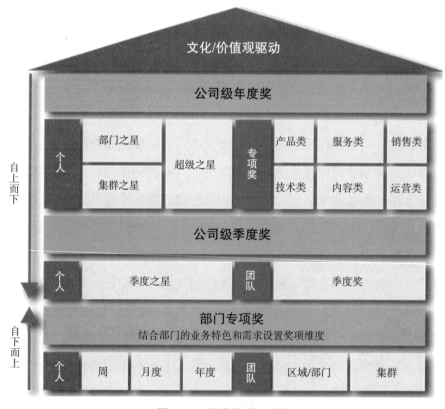

图6-3　荣誉体系三层法

　　荣誉激励方式通常会分为荣誉、奖金、关怀、机会、责任五类，针对不同奖项的重要性和含金量设计不同的激励方式，可以有现金激励、期权激励等物质激励，也可以有精神激励。通过年复一年的积累，表彰和激励形式不断丰富和完善，仪式感和荣誉感更强，如表 6-2 所示。

表 6-2　荣誉激励方式

奖项		荣誉			奖金			关怀	机会		责任	
		传播展示	荣誉称号	认可实物（证书、奖杯）	积分	期权	现金	精神/物质	晋升	培训赋能	分享活动	指导
公司级	年度专项奖	√	√	√	√		√	√		√		
	季度奖	√	√	√	√	√		√	√			
	个人奖	√	√	√	√			√				
	季度之星	√	√	√	√			√				
部门级	部门专项奖	√	√	√	√			√		√		

荣誉体系常见的 11 个奖项

　　荣誉体系建立，首先是要以价值观为牵引，奖项的设立一定和价值观紧密连接、相辅相成，不能有偏离。华为的荣誉体系之庞大，名目之繁多让人惊讶，各个大型企业也会设立新奇有趣的奖项。在众多奖项中，有 11 个常见的奖项，如表 6-3 所示。

表 6-3　荣誉激励的 11 个奖项列表

牵引方向	荣誉激励奖项	激励频率
特殊贡献奖项	特殊贡献奖（如明星教师、科技大赏、服务之星、年度销售冠军等）	每年一次
员工个人	优秀员工奖	每年一次
	季度之星	每季度一次
	最佳新人奖	每年一次
管理层个人	优秀管理者	每年一次
团队奖项	优秀项目奖	每年一次
	部门专项奖	每年一次
专项奖	最强大脑奖	每半年一次
	优秀培训师	每年一次
	伯乐之星	每半年一次
	价值观认可奖	每半年一次

荣誉激励认可项目一，特殊贡献奖，这是企业级奖项里级别最高的奖项。该奖项设立的目的是鼓励员工在行业、专业领域不断超越自我，为企业在关键和核心领域带来突破性成果。适用人群：全体员工。

荣誉激励认可项目二，优秀员工奖，这是个人奖项中的最高荣誉。该奖项设立的目的是奖励年度对企业战略实现发挥重要作用的个人，树立符合企业价值观要求和战略导向的个体行为榜样，使企业的表彰导向成为员工行为践行的方向。

荣誉激励认可项目三，季度之星奖，这是对员工个人持续激励的一个很重要的奖项。季度激励的优势就在于时效性强，重在持续激励。该奖项设立的目的是通过表彰季度优秀员工宣传企业的价值观；通过及时和持续的激励，及时调动员工积极性，增强员工对企业的认同感和归属感；通过选拔季度优秀员工，持续丰富企业高潜人才储备库。

荣誉激励认可项目四，最佳新人奖，这是鼓励还在试用期的新晋员工的奖项。新员工如果在短时间内取得成绩要及时鼓励。该奖项通常也是以季度为评选单位，由各部门推荐新人，设定一定的人数推荐比例。评选范围：还在试用期的新员工。

荣誉激励认可项目五，优秀管理者，这是为管理者设立的奖项。相较于普通员工，管理者承受的压力更大，除了认可员工，自身也需要被认可。奖项可以分为基层管理者和中层管理者两个维度，评选方式：以一级部门为单位进行提报，为了公平起见，核心领导岗位及以上不参加评选。在企业里面流行的一种新的评选和公布的方式是参照奥斯卡颁奖典礼，把奖项分为入围和获奖。荣誉评选小组先确定好提名名单和获奖名单，获奖结果在表彰典礼上公布。提名与获奖的管理者均有奖励，提名即优秀，获奖即卓越，这种方式在给评选结果留有悬念的同时，也认可了更多的管理者。

荣誉激励认可项目六，优秀项目奖，这是鼓励跨团队合作的奖项，项目制已经成为一种很重要的工作管理模式。该奖项设立的目的是鼓励跨部门、跨团队协作，要求项目在一定阶段内取得突破性进展，对项目人数有一定的限制。

荣誉激励认可项目七，部门专项奖，这是以部门为单位设立的特色奖项。根据部门特点和需求，部门设立专项奖，评选目的是及时认可部门员工在业务方面、价值观方面和员工成长方面的突出表现。

荣誉激励认可项目八，最强大脑奖，这是企业在鼓励创新文化时可以设立的奖项。该奖项设立的目的是鼓励员工的原创想法，让创新想法在一定范围内得到应用，为提升业务水平和服务质量创造具有实操性的成果。评选标准：原创性，员工提出创新想法和建议，提供具有实操性的解决方案；实操性，该想法在实际工作场景中得到应用后，优化了企业的产品、服务、流程等；影响性，结果在企业大范围内产生了重大影响力。

荣誉激励认可项目九，优秀培训师，奖励在企业内部承担培训师任务的员工。评选原则：为企业的培训体系搭建和培训项目实施做出贡献。企业要建立培训体系，必须要建立培训师队伍，培训师从员工中选拔和培养，这是一份神圣的兼职工作。

荣誉激励认可项目十，伯乐之星，这是企业里比较常见的一个内推奖项。为满足企业快速发展的人才需求，鼓励内部人才推荐，拓宽人才引进渠道，提升人才引进速度。该奖项设立的目的是鼓励和发动员工推荐符合企业价值观、符合岗位要求的优秀人才。

荣誉激励认可项目十一，价值观认可奖，这是针对价值观设立的专门奖项。该奖项设立的目的是引导员工行为、推动价值观落地。这个奖项要以价值观、员工行为准则等作为评价依据，价值观就是衡量员工行为是否正确的"称"，管理者应以此识别出符合价值观的行为和个人，并给予其认可和激励。

■ **案例 6-10**

华为的那些不走寻常路奖 [○]

吴春波教授在著作《华为没有秘密 2：华为如何用常识塑造伟大》

○ 资料来源：数一数华为的"奇葩"奖，正和岛，书享界。

中，系统地整理和介绍了华为的荣誉体系搭建方式以及大大小小数不清的奖项。华为到底有多少奖，没有人能给出具体的数字。华为一年一度的市场部晚会，历时四五个小时，其中一多半的时间是用来发奖的，在这次大会上发出的各种奖项有 360 多个，获奖的部门及个人达到 887 个。华为的奖项设置也从来不走寻常路。

"小改进，大奖励，大建议，只鼓励"是华为奖励的基本原则。华为有一句民谚"伟大是'熬'出来的"。任正非在 2014 年 8 月的一次讲话中指出："所有细胞都被激活，这个人就不会衰落。"而激活细胞的办法很简单，"跑到最前面的人，就要给他奖励"。

"大锅饭"奖。华为的反腐倡廉工作和管理优化工作做得一直非常深入，通过反腐和优化管理等方式节约出来的钱高达 10 亿美元。公司拿出 2 亿美元作为奖金，奖励遵纪守法的员工，让廉洁的员工分享反腐败的成果，促使持续管理改善从我做起、从点滴做起的氛围形成，构筑强大的反腐倡廉的坚实基础。

马掌铁奖。这是消费者 BG（business group，事业部）特有的奖项，任正非在听取消费者 BG 服务策略汇报会上指出："要称霸世界就要钉马掌，没有钉马掌，马蹄是软的，很快就磨损了，成吉思汗就无法称霸世界。所以服务就要做成'成吉思汗的马掌'，支撑我们称霸世界的雄心。"并且会上给与会者颁发的就是马掌铁。

呆死料奖。呆死料奖顾名思义，就是用一些边角料或者呆死料作为原材料设计的奖品，奖品可能是用镜框装裱的报废的板子，用镜框装裱的使用过的机票，总之就是用废铜烂铁边角余料做成的各种奖品。这个奖项的授予对象是研发体系人员，将由于工作不认真、物料清单填写不清、测试不严格、盲目创新造成的大量废料作为奖品发给研发系统的几百名骨干，可以让他们牢记教训。

皮鞋奖。此奖于 1996 年由任正非创立，奖品为皮鞋。在华为只发过一次，只有两人获此殊荣，这两人是当年生产总部主管葛才丰和销售计划部王智滨。任正非认为华为的管理层有闭门造车之嫌，要鼓励员工继续走与工农相结合的道路，于是，发给两位各一双皮鞋，希望他们继续深入实际，仔细调查，到基层中去，到群众中去，到生产第一线，努力做实，摸清基层实际，尽心尽力做好自己的本职工作。

"天道酬勤"奖。这是华为比较有名的一个奖项，是在 2008 年推出的。这个奖项主要是奖励在海外累计工作 10 年以上或在艰苦地区连续工作 6 年以上的国际长期派遣人员。奖牌为水晶材质，印有一双伤痕累累的芭蕾脚，上面印有罗曼·罗兰的名言：伟大的背后是苦难。

"2008 汶川地震救灾抢通英雄纪念章"。2008 年，汶川大地震。华为第一时间组织人员赶赴灾区，抢修通信。救灾抢通之后，127 位在灾区最前线奋战的员工获得刻有任正非寄语的"让青春的生命放射光芒"和他签名的水晶砖作为永远的纪念。2015 年，公司铸造了"2008 汶川地震救灾抢通英雄纪念章"。

家属奖。华为的价值观中有一条非常有名，叫作持续艰苦奋斗，为了自己和家人的幸福，为了国家和社会努力。奋斗的华为人背后有几十万的家人在默默支持。在 2009 年华为市场部大会上，特意为华为人的家属发奖，任正非亲自颁奖。

市场部集体大辞职纪念奖。在华为发展史上有一个历史性的时刻是市场部集体大辞职，再通过应聘的方式重新上岗。华为当时也为这些人颁过奖，送的是含金量很高的金牌。

文化全景：触点设计

员工生命周期通常是指一名员工个体进入一家企业，从起步期到熟悉期、从成长期到发展期、从衰退期到离职期的一个完整过程。员工生命周期通常包含入、转、调、离四个重要阶段，在互联网时代，员工生命周期的范围被扩大：

- 一个提前，将员工生命周期提前至员工开始了解这家企业开始。
- 一个延长，将员工生命周期延长至员工离职以后，甚至是离职后几年的时间。

新员工入职是员工触点很重要的一个部分，就好比我们预约了一个VIP 旅行团，从报名、缴费到成团的各环节都会收到旅行社推送的注意事项和温馨提醒，出发前，旅行社会安排专人对接，让我们对这次旅行充满了向往。如果新员工入职环节也安排得非常周到，新员工会对这段职场新旅程充满向往。在企业给新员工发出入职通知书之后，企业的线上入职系统可以阶段性地推送一些内容给新员工，在新员工入职前夕，入职系统会继续推送入职注意事项、温馨提示和入职对接人等信息，以确保员工顺利入职。

员工离职也是员工触点很重要的一个部分。企业把离职员工也看作宝贵的资产，一日公司人，终身公司人。很多大型企业都有专门的离职员工群，用以维护离职员工和企业的关系，而且这样的群的名字都非常有趣，比如高德的离职员工群叫"高老庄"，百度的离职员工群叫"百老汇"，腾讯的离职员工群叫"单飞的企鹅"，开心网的离职员工群叫

"老开心了"。这些离职群都会有人专门运营，在企业举行重要活动时也会邀请一批老员工回到企业参与这些活动，甚至会在特定的时间专门组织离职员工的活动。平时，在企业的重要节日里，离职员工依然能收到来自前东家的问候和关怀，在离职员工过生日当天，还能收到来自老东家的贺卡，这样的祝福显得更加珍贵。

那么，企业文化理念如何与员工触点相结合，又通过什么样的方式去传递给员工呢？这些触点基本围绕着两个主线：职业发展和情感触点线，笔者总结和归纳了 13 个触点，如图 6-4 所示，这 13 个触点所涉及的企业文化建设项目有的在前面的章节已经详细介绍过了，在此不再赘述。

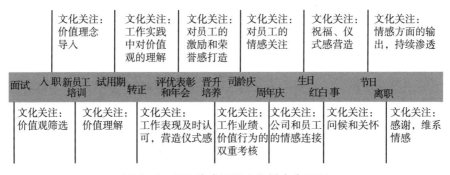

图 6-4　员工生命周期文化触点全景图

触点一：面试

文化理念关注点：价值观筛选（员工入职前）。

实现方式：

- 将价值观释义转换成面试评价标准，帮助面试官在面试过程中对候选人进行评价，通过面试的方式识别出在价值观上和企业匹配的员工，招到合适的人。

- 在面试中设置价值观面试环节，将价值观面试的内容与专业能力面试相结合，融入面试结果中，得出综合评价。

触点二：入职

文化理念关注点：价值理念导入（员工入职一周内）。

实现方式：

- 新员工入职礼包。礼包里面包含但不限于"企业文化手册"和"入职攻略"，覆盖员工福利介绍、班车路线、周边美食和优惠信息等内容。

- 有人情味的入职系统。信息化是企业发展提速的一个重要手段，也是候选人评价企业管理现代化水平的一个标准。信息化程度高的企业一定要有一套高效的线上入职系统，提升员工入职效率，同时也把人情味做足，体现企业对新员工的关爱，一个入职系统就可以温暖一颗陌生的心。

- 新员工融入计划。很多新员工在入职企业的前 3 个月是非常迷茫的，如果在这 3 个月的迷茫期能够有一个伙伴（buddy）或者导师（mentor）帮助新员工融入，定期关心他，及时答疑解惑，那么他的融入会加快，可以顺利度过迷茫阶段。可以由部门指定导师，也可以由新员工自己来挑选专业导师和岗位导师，专业导师能够带给新员工专业技术和业务支持；岗位导师则传递给新员工更多职业素养、企业文化和为人处世方面的知识。在微软，每个新员工入职后都会被指定一个导师（一定司龄以上，价值观正，且工作表现受到认可），微软有一套导师工作机制和规定动作，新员工在导师的帮助下，可以快速熟悉企业文化，掌握全新的业务。

触点三：新员工培训

文化理念关注点：价值理解（员工入职 1~3 个月内）。

实现方式：

- 校招培训。这是针对应届毕业生的人才发展项目。在应届毕业生集体入职企业之后，一定会经历封闭式培训，俗称建模（建立模型）。企业为毕业生们设计紧凑的学习内容，封闭式培训，多则几个月，短则一个礼拜。毕业生们通过学习体验、团队建设、前辈分享、高管面对面等方式，系统而又快速地学习企业文化理念、品牌理念、商业模式、产品服务、安全合规等应知应会的内容。培训的结营仪式以毕业生们自己编排的学习汇报、毕业典礼和联欢晚会等走心的方式呈现。

- 社招培训。这是针对社招人员的培训项目。因为社招员工成熟度很高，诉求也高，单纯的培训学习会有些枯燥。培训的体验感和参与感要加强，可以通过案例学习的方式，让新员工了解企业发展，感受企业文化氛围以及倡导的价值观。

- 中层 / 专家培训。这是针对中高层人员的培训项目。随着企业管理层级逐渐明确，需要针对中高层或者是专家层的新人定制入职培训项目，因为他们的资历和学习能力比较强，针对一般新员工的培训内容不能满足他们的学习需求，他们需要更高级别的人来和他们对话，他们需要更深层次的学习内容和更有针对性的课程学习设计。

触点四：试用期

文化理念关注点：工作实践中对价值观的理解（员工入职 3~6 个月内）。

实现方式：

- 大型活动。要鼓励新员工多参与企业组织的大型活动，一些重要活动要开放特殊报名通道给到新员工，让新员工从这些活动中了解企业的发展动态，加深对文化理念的理解。

- 文化回炉训。对于新员工来说，入职时的培训可以算是文化理念的学习过程，而经历过 3 个月的实践，新员工一定会有不同的领悟和疑惑点。在 3 个月后，可以为新员工再组织一场文化理念的回炉训，通过培训、分享、拓展的方式，让新员工再次学习文化理念，为其答疑解惑，并帮助他们结合本岗位的工作制订行动计划。

- 高管面对面。新员工培训、新员工回炉训都是从员工视角去设计的，而高管的面对面活动则是从企业视角去设计的，是以高管的角度和全局观与员工对话。这个活动可以由企业文化建设部门负责人牵头，或者 HRBP（human resource business partner，人力资源业务合作伙伴）牵头，把新员工定期聚到一起，以茶话会、午餐会的形式和企业高管面对面，让高管了解新员工在这段时间的困惑，通过这样的场合帮助新员工熟悉企业。

触点五：转正

文化理念关注点：工作表现及时认可，营造仪式感（员工入职 6 个月左右）。

实现方式：

- 试用期价值观评价。很多企业在新员工转正前会安排一次测评，将价值观评价融入转正评价中，评价既包含工作表现维度，也包含价值观维度，也就是说，从员工转正开始就有价值观和工作结果的双重评价标准了。

- 转正仪式。新员工从入职到转正都经历了不适应—不认可—煎熬—迷茫—调整—适应的过程，一场转正仪式既是员工对试用期的一次告别，又标志着自己从新员工成为合格的员工。

- 转正贺卡。转正贺卡推送的方式有很多种，可以以企业名义发一封邮件，可以利用企业的线上系统自动推送给员工，或者是请部门负责人手写一张贺卡把企业的祝福和祝贺传递给员工，以上这三种方式都比较温暖又有意义。员工也会在转正那天发个朋友圈，配上几张照片，写一段入职感悟或者一段励志的话，纪念自己顺利度过试用期。

触点六：评优表彰和年会

文化理念关注点：对员工的激励和荣誉感打造（员工入职 1 年后）。

实现方式：

- 部门荣誉评选。对于集团型企业来说，仅有公司级荣誉评选和年度表彰活动是不够的，因为荣誉激励没有时效性，也缺乏部门的特色，所以企业可以将荣誉激励下沉到子公司，下沉到业务部门，业务部门根据本部门的业务特色和实际情况，设立部门级荣誉评选，定期组织评优表彰，及时认可员工。

- 年度评优。年度优秀评选应该是企业内部的最高荣誉了，也是企业对于员工一年工作表现的最高认可形式。企业设立专门的仪式用于荣誉表彰，设计仪式感很强的表彰环节，邀请获奖个人的家人到现场共同见证。

- 年会。年会对于一个企业来说，是总结一年工作成果的重要场合，也是员工才艺展示和狂欢的舞台，是一场综合的文化盛典。把文化理念要传播的核心点融入年会中，让年会既欢乐、有意义，又温暖。

触点七：晋升培养

文化理念关注点：工作业绩、价值行为的双重考核（员工入职 1 年以上）。

实现方式：

- 360 度评估。360 度评估是绩效考核方法之一，其特点是评价维度多元化，适用于对中层以上人员的评估。评估内容可以包括沟通技巧、人际关系、领导能力、行政能力等，被评估者可以从上司、下属、同事甚至用户处获得多种角度的反馈，通过不同的反馈可以清楚地知道被评估者的长处、不足与发展需求，从工作表现、专业能力、价值观等方面得出综合评价。

- 管培生计划。这个培训项目是针对优秀应届毕业生的企业未来管理者人才培养项目。企业在应届生中选拔具有发展潜力和领导力潜质的优秀人才，根据人才发展目标，按照统一的标准和要求设计培训计划。管培生项目通常为期 3 年，在 3 年时间里，管培生们会进行部门内或跨部门轮岗，并且有机会经历跨地域、跨国家的轮岗。管培生们在各类定制化的课程模块中融入行动学习，知行合一，快速成长。

- 领导力项目。这是企业人才培养体系里最重要的项目，目标是培养真正有企业 DNA 的领导者。学员们通过一起上课、交流和竞争来打开思路，也可以与跨部门的同事高效协同和联合互助。领导力项目课程框架的设计开发要基于文化理念，把握领导力关键因素中人与事之间的平衡，提高学员的自我认知，提升思维能力，从而令其成为更优秀的企业管理者。

- 晋升公示邮件。对员工来说，职场上最有荣誉感的时刻里一定包括晋升，这是个人实现职业价值最好的体现方式，也是在职场上的高光时刻。在员工晋升的关键节点，企业以充满仪式感的方式去公布，也是一种对权力的授予。

- 个人发展计划（individual development plan，IDP）。这是企业重要的学习发展活动，IDP 项目的设计立足于员工的岗位胜任标准和个人发展意图，在接受现有能力表现评价的前提下，结合导师指引形成员工个人学习计划，通过行动实践和教练式辅导促使员工能力持续有效地提升。

触点八：司龄庆

文化理念关注点：对员工的情感关注（员工入职 1 年后）。

实现方式：

- 司龄贺卡。企业根据员工入司年限的长短，设计不同的司龄贺卡，并配以有温度感的祝福语。司龄纪念日也是员工会发朋友圈的一个重要场景，员工常常会在朋友圈里晒一张贺卡，晒一个礼物，写一些感悟，鼓励自己过往不易，再接再厉。

- "时光胶囊"。这是用短视频、H5 等形式，总结员工这一年的工作成果，回顾工作足迹。企业都有自己的数据库系统，系统根据员工的工作场景去抓取数据，比如：会议、出差、加班、请假、晋升、考核、订餐等。在每年的年底，企业以一个视频或者 H5 的形式将每个员工的数据生成一个短视频，利用系统推送给员工。员工打开视频之后看到的是自己这一年工作的点点滴滴：加了多少次班，最晚下班是什么时候；出了多少次差，最远曾经到达过哪里；和什么部门沟通最多，解决了多少个问题等，这一年里在企业的成长足迹历历在目。在短视频的最后，以企业的口吻向员工道一声："辛苦了，感谢有你。"

- 司龄定制工牌。有些企业会设计不同的工牌以对不同司龄的员工进行区分。走在办公区，大家相互看一眼对方的工牌，就大概知道员工的司龄了，这也是身份的象征，司龄长的员工会有荣誉感，司龄短的员工会有目标感。司龄工牌也为职场增添了色彩，是行走的司龄文化。

触点九：周年庆
文化理念关注点：公司和员工的情感连接（员工入职后）。
实现方式：

- 周年庆活动。周年庆是企业与员工共同的节日。在周年庆前后，企业一定会组织丰富多彩的庆祝活动来纪念企业成立的日子，比如：老照片展览、员工快闪、快拍、周年庆小剧场、老员工活动、运动会、祝福传递等，在活动中企业和员工建立情感连接。

- 周年庆纪念品。周年庆纪念品可用来记录企业发展的里程碑事件。蔚来周年庆日的纪念品是定制版的 NIO PIN（蔚来勋章），勋章上的内容是当年企业的里程碑事件，比如在美国敲钟上市、首款 ES8（蔚来第一款 SUV）上线、BaaS（battery as a service，电池租用服务）政策发布、蔚来在欧洲成立第一家蔚来中心等，在周年庆前后，每位小伙伴会收到一枚定制化、沉甸甸的 NIO PIN。

- 创意设计大赛。可以围绕文化理念去发起全员设计大赛，比如设计办公用品、生活用品、文化衫等，参与者不一定是设计出身，重在鼓励员工表达对于企业文化理念的理解。设计作品请员工票选，投票选出来的设计作品制作成礼品或者文化手办。

触点十：生日

文化理念关注点：祝福、仪式感营造（员工入职后）。

实现方式：

- 生日贺卡 + 礼物。生日祝福既可以有精神祝福，也可以有实质性的礼品。现在在企业里更为流行的送礼物方式是抽盲盒，盲盒礼物的品类和数量不限，礼物可以提前准备好，也可以活动结束后再兑现。在活动现场，请员工随机抽取，抽取方式可以借助抽奖小程序。

- 部门生日会。在员工过生日前后，企业还可以给员工组织一场线下的生日会，在生日会上，员工可以和一起过生日的伙伴们许愿、吹蜡烛、切蛋糕、游戏互动，这个生日过得就非常有意义，也是一个值得发朋友圈的时刻。

触点十一：红白事

文化理念关注点：问候和关怀（员工入职后）。

实现方式：

- 结婚、生子。如果员工遇到了喜事，比如结婚、生子，企业一定要送上祝福。集体婚礼是对于企业和员工都极具意义的活动，对于员工个人来说，集体婚礼省心也热闹，对于企业来说组织集体婚礼有助于企业的形象建设和内部的团结稳定。

- 病假、事假。对于员工来说，在幸福时刻得到企业的祝福是锦上添花，而在困难时刻能得到企业的关心和帮助就是雪中送炭。每位员工都会遇到困难时刻，如亲人的病逝、家庭出现变故、患上重大疾病等，在这时，企业要成为员工有力的臂膀，在真正困难的时候伸出援助之手。一旦员工的家庭出现困难，必定会出现很大的不稳定因素，企业可以在内部设立员工爱心基金，最大限度地关爱员工，让员工放心工作，照顾好小家庭才能保持好大家庭。

触点十二：节日

文化理念关注点：情感方面的输出，持续渗透（员工入职后）。

实现方式：

- 春节、端午、中秋、元旦等重要节日的贺卡。企业可以前瞻性地设计一个贺卡套系，从春节开始，到 24 个节气，再到重要节日，通过企业的内部系统或者平台推送给员工，贺卡上有趣的俏皮话，既营造了节日氛围，又把文化理念时刻传递出去，持续渗透。

触点十三：离职

文化理念关注点：感谢，维系情感（员工离职后）。

实现方式：

- 感谢信。员工离职之后，虽然不能够为企业工作了，但是企业真心感谢每一位离职员工为企业的付出，也衷心祝福大家前程似锦。

- 员工司龄问候。即便是员工已经离开企业一段时间了，但是如果企业依然记得他入职的时间，每年在他入司的日子送上司龄贺卡，这别样的关怀，会让员工依然记得当时那个踌躇满志和忐忑不安的自己是如何在企业里面奋斗和成长的。

- 关系维护。许多外企和互联网企业的人力资源部出现了一个新的职位——旧雇员关系主管，这个岗位专门负责保持与离职员工的联系和交流工作。通过交流与沟通，这些离职员工不仅可以为原企业继续传递市场信息、提供合作机会，同时也可以结合现供职岗位的实际工作经验和感受，对原企业的内部管理和运作方式提出宝贵的改进意见。

离职员工其实与在职员工、外部用户同样重要，只要企业付出真诚的努力，有相当数量的离职员工都可以变成企业的拥护者、用户或商业伙伴，继续为企业创造价值。因此，企业有必要建立"一朝是员工，永远是朋友"的氛围。

　　员工在一个企业里面的生命周期是有限的，企业要在有限的时间里让文化理念持续渗透，让效能无限放大，利用每一个环节、每一个触点和文化理念建立连接，让员工形成一个观念：在这个企业里，文化理念是一切的基础。

■ **本章回顾**

1. 成熟发展阶段对于企业来说是一个分水岭，在这一阶段，企业要提升自身的经营及管理水平，把企业带到一个新的高度。
2. 处于成熟阶段的企业要建立企业文化建设体系的闭环，根据实际发展情况迭代现有文化理念，支持未来发展。将文化理念变成管理工具，从选、育、用、留各个阶段指导员工的行为。
3. 员工在一个企业里面的生命周期是有限的，要在有限的生命周期里让文化理念的效能无限放大，利用每一个环节、每一个触点和文化理念建立连接，让员工形成一个观念：在这个企业里，文化理念是一切的基础。

第 7 章

企业文化建设的终局

企业文化发展的四个趋势

　　一家企业的企业文化建设是否真的成功，既没有统一的标准，也没有规定的时间，因为在 BANI 时代，企业要用发展和动态的眼光去做判断和选择。企业文化建设是否成功和两个要素息息相关，一个是外部环境，企业要看清时代发展的趋势，与时俱进，和时代发展的大背景相结合；另一个是内部管理，企业管理者要不断提升自身的格局和视野，培育和沉淀优秀的管理思想。在 BANI 时代，企业文化发展呈现出以下四个趋势：合金文化、精益创业文化、文化 IP 化、数字文化。

合金文化

合金，是由两种或两种以上的金属或非金属经一定方法所合成的具有金属特性的混合物。合金文化是指一个民族、一个组织将多种地域文化、民族文化吸收和包容，把各种文化中的优秀品质融为一体并汰去各种有害的杂质，铸就成新的文化。合金文化有两种形式：一种是由文化主体不断地对各种外来文化进行改造性地吸收从而丰富主体，另外一种是由各种文化凝聚而成的一种全新的文化类型。

合金文化是中国企业全球化的必然选择。随着中国经济的发展，中国企业国际化数量迅速增长，从过去的外企进入中国，变成中国企业走出国门，企业通过渠道建立、网络建立、跨国并购、代加工（OEM）等方式实现全球化。在全世界的跨国并购中，中国企业的并购案例越来越多，整合失败率偏高，成功率偏低，其中最大的问题不是技术、产品的问题，也不是资金的问题，而是文化上的难以融合。

通用电气前 CEO 杰克·韦尔奇，在 2011 年接受《21 世纪经济报道》采访时说道："企业并购，不能简单地关注企业业绩。企业间的并购，并非数字的简单合并，更多要关注其内部文化的融合。如果你发现并购对象的企业文化与本公司企业文化大相径庭，那么这场并购注定不会成功，至少在很长一段时间，这场并购都不会成功。"[注]

合金文化要求尊重和包容。企业既然意识到企业之间存在文化的差异、思想的差异、工作方式的差异，就要认可差异的存在，绝对不能把

　⊖　资料来源：杰克·韦尔奇：无法认同文化就无法并购成功，21 世纪经济报道。

本土企业文化强势植入。企业首先要看到对方身上的优点，并认可和尊重对方的优点，同时要客观看待差异化，不能有心理优越感，要减少对方的抵制与反抗。企业之间要平等沟通，建立好感，在好感的基础上，互相释放善意，营造出正面的、学习的文化气氛，最大限度地消除文化冲突。

合金文化要求建立共赢的思想。国际化是企业发展的战略，目的是 1+1＞2，企业文化融合要用共赢的理性思维而不是非理性的占据思维或者对抗思维。企业要充分利用双方的资源和优势，共同合作、谋求发展，既有共同利益的追求，也要有达成共同发展的策略，寻求良性发展的共识。一旦一方有了统治或者占有的思想，那么文化融合势必失败，文化融合的失败一定会带来企业融合的失败。

合金文化要求文化本土化，包括语言的本土化、沟通方式的本土化和人才培养的本土化。语言的本土化是企业要让具有不同文化背景的人，都能对企业的文化理念释义产生基本相同的理解。沟通方式的本土化是企业能够和当地员工在精神和情感上产生相同的情感。人才培养的本土化是企业要雇用本土化的管理人员，来管理本土化的员工，具有相同的文化背景与风俗习惯的人之间，沟通更为顺畅。许多到中国投资的跨国企业的管理人员到了中国的第一件事情就是给自己取一个中文名字，他们学习中文，学习使用筷子，有意识地融入当地文化，建立群众基础。宝洁在 1988 年进入中国市场后快速本土化，在宝洁的广告中看不到"美国"的字样，宝洁向中国市场先后推出 7 大类 17 个品牌的产品，其中很多产品名字都是中国消费者参与的结果。

■ 案例 7-1

联想收购 IBM PC 业务后的企业文化改变 ⊖

联想在 2005 年收购了 IBM 的 PC 业务，但是并购之后的四五年时间里，企业增长非常缓慢，尤其在遇到全球金融危机的时候，联想在 IBM PC 业务方面受到很大的挫折。

联想当时二十个最高层的管理人员里面，英文讲得好的并不多。而 IBM 是一个典型的美国公司，在考核中国人的时候，会以英文说得好不好来作为对这个人能力的评价。联想的高层和 IBM 开会的时候，没有人会主动讲英文，只能用同传耳机。美国人会觉得中国人什么事都背后说，在会上不说。中国人会觉得美国人非常爱说，但是说的话一点观点没有，就是为了说话而说话。美国人开会有会前会，他们开始达成共识了才在会上讨论。美国人觉得中国人有会后话，会前不说，会后才说。因为这种文化差异，造成彼此非常多的不理解。为了改变这个现状，联想率先做出了行动。

首先，高管们主动加强英文学习，学习语言的过程也体现了联想管理层强大的学习能力、强大的包容心、非常强的适应能力和诚意。

其次，让企业文化变得更加多元，在 2007 年联想发布了新版文化理念，宣布了四个全球领导力：追求绩效（drive for performance）、赢的态度（winning attitude）、拥抱变革（embrace change）、坦诚沟通（communicate openly）。其中有关“坦诚沟通”的描述，就明确提出直抒己见（speak up and speak out），这就是针对当时中国人和美国人开会时中国人如果不同意也不说出来，让美国人误以为中国人同意了，可会后才发现沉默

⊖ 资料来源：乔健：并购时领导力和文化整合非常重要，中新网。

不等于同意。而在"拥抱变革"中有一条行为指标是针对美国人，要快速行动、有危机感（act quickly & with sense of urgency）。通过明确具体的行为要求，中国人就清楚了要把自己的意见说出来，美国人就知道了要比原先更快速行动，双方逐步磨合，真正融合成了一个新联想。

■ 案例 7-2
《美国工厂》：福耀玻璃如何在美国站稳脚跟 [⊖]

2019 年，美国推出了一部纪录片《美国工厂》，这部纪录片讲述了中国福耀玻璃集团如何在美国俄亥俄州代顿市收购工厂，让一间倒闭的工厂获得新生。整个影片聚焦中美双方的文化差异和矛盾，最终双方弥合分歧并因全球化而受益。

2014 年，中国民营企业的代表人物之一、福耀玻璃公司董事长曹德旺在美国俄亥俄州代顿市买下了代顿工厂，建立了全球最大的汽车玻璃单体工厂。福耀的到来，不仅给当地带来了就业机会，也助力了当地的经济复苏。随着工厂的成立，问题也来了。收购的工厂原本就在一些企业文化、公司制度、风俗礼仪等方面和中国工厂存在差异，而随着曹德旺将中式的管理模式带到了美国工厂后，双方差异导致矛盾逐渐升级。福耀玻璃追求高产出，但美国工人保持自由散漫的态度，难以达成指标。工人们对加班时长和时薪产生不满，而中方又对工人们懒散的工作作风不满。福耀玻璃在强制加班、安全问题、薪资待遇等方面的处理方式渐渐激起美国员工的不满。在双方矛盾无法解决的情况下，部分美国

⊖　资料来源：3 分钟看懂《美国工厂》：中国汽车玻璃大王如何在美国站稳脚跟，新京报。

工人要求在工厂内部组建工会，但是曹德旺认为这不能解决矛盾的根源问题。

曹德旺组织了美国工厂的管理人员到中国工厂学习，并且告诉工人们，采用工会制度并不是解决矛盾最可靠的方法，2017 年，福耀玻璃组织了一次官方投票，针对的就是工厂是否需要工会，最终以 868 人反对赢得了这场战争。

有坚持也有妥协。福耀玻璃满足了美国工人要求加班付加班费、上班穿高标准的防护设备、提高各种待遇、帮助孩子上学等一系列的要求。同时还向当地政府捐钱和建立基金会，聘请当地媒体搞宣传。2018 年，经历几年折腾的福耀美国分厂开始盈利。

在这个事件中，福耀和工人都是赢家，大家都各自退让，福耀坚持不让工会入驻工厂，工人也提升了自己的待遇。这个过程中有摩擦、有冲突，但是磨合过后双方利益都得到了满足，也保障了组织的平稳运行。

精益创业文化

在 BANI 时代，速度尤为重要，企业拼命地快跑就是要以速度取胜，迅速响应，及时满足用户不断变化的需求，超过竞争对手，引领变革。企业要想跑得快，一次性满足不够，必须让产品、服务更加完美或者推陈出新，持续满足用户需求。在充满不确定性的大环境下，作为企业家要永远保持创业心态和足够的敏锐度，在企业内部培养创业文化，让每位员工都成为内部的创业者并拥有敏捷思维，不断开发出新的产品和服务。

　　精益创业（lean startup）是硅谷创业家埃里克·莱斯（Eric Ries）于 2012 年 8 月在其著作《精益创业》一书中首次提出来的，是指将创业者或者新产品的创意用最简洁的方式开发出来，针对用户反馈意见以最快的速度进行调整，融合到新的版本中，在美国的硅谷和中国的互联网公司中，精益创业已经被广泛应用。精益创业的原理就是，先向市场推出一款极简的原型产品，然后在不断地试验和学习中，以最小的成本和最有效的方式验证产品是否符合用户需求，灵活调整方向。精益创业有两大支柱，分别是快速迭代和最小化可行产品（minimum viable product，MVP），其基础为持续试错，以最快速度和最小成本识别用户的核心认知，通过构建—评估—迭代的快速循环不断地进化，达到高速增长的目的。

　　MVP 在前面的章节也已经提到过了，是投入最少的人力和资源建造一个能够体现创新点或核心价值的产品，并立刻将其投入市场。在创业企业中，谁是用户、用户对什么产品和服务更有好感是未知的，如果企业投入了大量的精力、人力和资源去实现了一个完整的，但是在用户看来没用的功能，那就是浪费。所以企业要使用最小化可行产品来以最小的成本验证"概念"是否对用户有价值，如果没有价值，就没有进一步完善的必要，也就有效避免了浪费。

　　快速迭代的核心原理是构建—评估—迭代的无限循环，能达到持续试错的目的。循环包括构建、评估、迭代三个部分，可以拆解为六个步骤，分别是创意（ideas）、构建（build）、产品（product）、评估（measure）、数据（data）和迭代（learn）。这六个步骤也是一个闭环，可以不断地迭代产品、服务、流程、方案和创意想法，如图 7-1 所示。

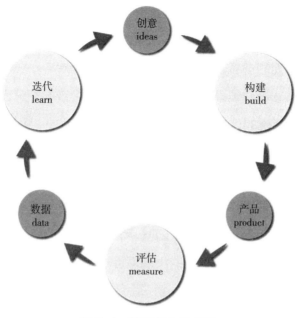

图 7-1　精益创业循环图

建设精益创业的企业文化，要从以下几个方面入手。

培养员工的创业心态。企业最怕的就是组织还没有多大，却得了很多大企业病，企业内部部门众多、山头林立，部门一把手把着资源却不出成果。企业的岗位越设越多，层级越来越多，员工没有危机意识，对于工作也没有责任感，每天想着早点结束下班。企业一定要培养员工的创业心态，营造创业氛围，把企业的压力传导给员工，和员工建立共情，传递这样的信念：大家是一起创业的合伙人。

建立支持创新的组织架构。去中心化、去权威化的生态组织更有利于创新文化的形成。在有创新文化的企业里面，人更具有批判性和创新性，会创造性地解决问题，而非简单地听从上级的指引。IDEO 是全球顶尖的设计咨询公司，以产品开发及创新见长。2001 年，IDEO 的总经理汤姆·凯利撰写了《创新的艺术》一书，揭示了 IDEO 长久保持高水准创新能力的奥秘。IDEO 无论是在服务、界面、体验、空间方面还是企业转型方面的创新，总是由了解终端用户开始，专注聆听他们的个人体验和故事，悉心观察他们的行为，探寻三个方面的最佳结合点：用户的需求性、商业的延续性以及科技的可行性。IDEO 实行项目制运营，将团队分成若干个小组，确定每个小组的领导者，通过招募员工的方式组建项目组团队。小组的成员自由搭配，并尽可能使每一个成员能够和自己性格契合、能力互补的其他成员配合。设计师从来不静态地在某地办公，也不固定地隶属于某一个团队，而是根据参加的项目，动态地出现在各个小组。这种动态匹配的小规模运作，可以极大地激发组织成员的创造性和积极性。

培养持续转型的勇气。在精益创业快速迭代循环中的最后一步是迭代，是经过数据分析后，通过验证而得出的新的结论。这个结论可能与企业初心相违背，也有可能是对第一阶段所有努力的推翻，但是对于希望能够持续创新的企业来说，就要具备推倒重来的勇气。迭代，对于刚成立的新企业比较容易，因为企业还处于摸索期，需要通过不断地验证来迭代和升级，但对于成熟的企业来说比较难，最难的就是管理者是否有决心，组织架构能否支持，因为每一次迭代和调整，都会给企业带来巨大的挑战，机遇和风险并存，无异于推倒重来的二次创业。企业必须做好这样的思想准备：企业仅仅转型一次，是远远不够的。一旦企业找到了转型的秘诀，就做好在未来完成多次转型的准备，这意味着企业将构建一项全新的能力：应对不确定的、多样化挑战的能力。

文化 IP 化

知识产权（intellectual property，IP）这个词在这几年逐渐映入大众眼帘，随着市场的不断变化，IP 一词也被赋予了新的定义。吴声在《超级 IP：互联网新物种方法论》中，对于超级 IP 是这么定义的："超级 IP 是万物互联时代个人化或个体化的新物种，是由系统方法论构建的有生命周期的内容符号，可以是人也可以是文学作品，可以是具象品牌也可以是难以描绘的某一个差异化的、非物质遗产继承人。其故事体系和话语体系的稀缺价值，代表了其商业价值的稀缺性和可交换性。"

企业文化 IP，是指把文化理念内核提炼出来，形象化、人物化、故事化地将企业形象转化成 IP 形象。通过企业文化 IP 设计，文化理念不再是空洞的语言，不再是貌似乏味的描述，而是有鲜活个性的形象，企业也不再是严肃的组织，而是故事的主角。当 IP 形象能够做到足够惹人喜爱时，它自身就会有超越文化的个性魅力，成为高辨识度、自带流量的文化符号。IP 形象可以通过各种方式陪伴在员工身边，默默影响员工的行为，从而实现企业文化建设的目的。

国内的企业文化 IP 最早源于互联网企业，在阿里巴巴内部，所有的产品都会 IP 化，有雕塑、有人偶、有视频、有手办，并通过各种形式在企业内部呈现出来，这些 IP 就是阿里巴巴企业文化的代名词。京东也将企业文化 IP 化，在京东总部的大堂，陈列着与京东业务相关的各种 IP，再配合上京东独特的文化语言，既有趣又有意义，京东大堂的一层还开设了一个文创商店，售卖这些 IP 相关的周边产品。腾讯被称为"鹅厂"，因为腾讯的形象是一只企鹅，腾讯曾经把文化理念设计成了一个帝企鹅的形象。腾讯把文化理念做成全民参与的活动，让大家来海选代表腾讯价值观的动物，最后确定了代表腾讯价值观的四大神兽：长颈鹿代表正直，海燕代表进取，犀牛鸟代表合作，鹦鹉螺代表创新。

因为卡通形象的可塑性远远优于其他元素，而且看上去更加有温度和亲和力，因此，企业文化的 IP 形象大多为卡通形象，再加上 IP 故事的加持，卡通形象就成了企业文化 IP 形象塑造的首选。卡通形象的文化 IP 具有温度和人格魅力，以仪式感增强内容表现力，形成员工对于 IP 的追求和依赖。好的文化 IP 形象能够帮助企业拉近与员工之间的距离，创造情感共鸣，消除管理层与员工之间的隔阂，提升亲密度，创造文化价值。

央企给人的感觉是严肃，缺少活力。近几年，央企也在改变这种刻板的印象，开始做文化 IP，让自己变得"可爱"起来，卡通形象逐渐成为央企企业文化建设的"标配"。国资委曾经举办过一场央企卡通之夜，几十家央企集中展示了自己的卡通形象。这些形象时而卖萌耍酷，时而文艺清新，时而搞怪逗趣，时而一本正经。头顶导弹头盔、脚踏发射火焰的中国航天科工"航小科"；身披雷达衣领、脚踩迷彩军靴的中国电科"电科小推"；踏实可爱、横跨新媒体江湖八大平台的中国石化"小石头"；头戴电流符号、热心公益事业的南方电网"小赫兹"；寓意胜利，象征着东风车轮滚滚向前的东风汽车公司"风信子"；头顶"大烧瓶"、手舞仙女棒的中化集团"小化"；扬帆起航、带你去看星辰大海的中远海运"熊猫船长"；能力超凡、造型百变的中国建筑"蓝宝"机器人……这些卡通形象以"萌力量"拉近了和员工、和用户的距离。一位位"有血有肉"的小伙伴卖萌有度、服务贴心、接地气、聚人气，诠释

了更为全面、生动、立体的央企形象。[⊖]

文化 IP 包含哪几个特点呢？

第一个特点是有企业文化内涵。文化 IP 形象是企业文化的高度概括和视觉化的呈现，将文字性质的文化理念具象成一个形象人，让企业形象有人格化魅力。

■ 案例 7-3

比故宫文化 IP 更红的是它的御猫 [⊖]

近几年故宫文化 IP 风靡全球，一只只憨态可掬、懒洋洋的猫，在红墙之下、大殿之前眯着眼，晒着太阳，任由游客们拍照合影，仿佛它们就是这故宫的主人。

在故宫，不管多偏僻的角落，都能看到它们的身影，这些猫咪在大殿之上悠闲散步，对着过往游客撒娇卖萌，毫不卑躬屈膝。

关于故宫的大型纪录片《我在故宫修文物》和《故宫 100》当中都少不了故宫猫的身影，不少御猫出镜，一炮而红。许多游客都被这些猫咪圈粉，游客们自发发布了故宫撸猫指南，还指导其他游客，哪些地方才是观赏这些御猫的最佳地点。游客们把每一只御猫都人物化，并想象出了很多的故事、台词和形象，给它们做包装，做设计，仿佛它们就是600 多年前皇家文化的缩影，也是从古代来的朋友。

故宫博物院前院长单院长更是在多种场合大赞这些猫咪，称这些猫

⊖　资料来源：专家聚焦"国资小新"现象 央企卡通之夜汇聚传播正能量，国务院国有资产监督管理委员会。

⊖　资料来源：故宫六只"御猫"突然蹿红 文创产品受欢迎，北京晚报。

咪为故宫的"猫保安"。"我们要把这座完美的紫禁城交给下一个600年，要让每一个来参观的游客看到故宫的威严，要让每一只猫咪都有尊严地在故宫延续下去。"

第二个特点是极高的辨识度。IP形象要具备很高的辨识度，而不是平平无奇的元素组合。辨识度高，应该是让人过目不忘，印象深刻；辨识度高，应该是塑造清晰的个性，独特的个人风格和标签；辨识度高，应该是能够快速抓住员工眼球，脱颖而出，也能够与企业文化联系到一起。没有辨识度的形象，就好比一个没有任何出彩之处的人，站在人群里不容易被发现，见过之后没有什么印象。一个多世纪以来，一个由26个白色轮胎组成的可爱米其林轮胎创造了无数奇迹，并且形象深入人心。它拥有丰富多变的造型和创意无限的想象空间，随着时代的变迁，形象由昔日的骁勇善战转变为今天的和蔼可亲，由平面发展到三维立体。不管形象如何延展，这个可爱的IP始终传承着米其林的文化理念，代表了米其林轮胎的卓越品质和优异表现，并且成为全球知名度最高的品牌标识。

第三个特点是通俗易懂。IP形象的设计要兼顾美感和认同感，既要通过IP形象与IP故事建立起企业与员工、与用户的连接，获得在心理和情感上的认同，也要使其产生情感上的共鸣，从而对IP形象产生好感。

第四个特点是延展性强。IP要具备更强的延展性，拥有更广泛的应用场景和多个维度的展示形式。比如，以IP形象作为人物设计企业文化故事和漫画，将其拍成电影或者动画视频，还可以以IP形象作为人物设计游戏，比如文化闯关等。文化IP应用最广泛的应该是文化周边产品，比如平面印刷物品、文化手办等，结合特定的应用需求打造不同的场景，在特定的语境下通过创意设计给员工直观清楚的视觉传达，从而表达出清晰的文化释义。员工对于文化手办是有收集的习惯的，很多员工的工位上摆满了各种手办，一个新的文化 IP 产品一经上线就会被员工一抢而空，这正是员工对企业文化理念形象化的认同。

数字文化

关于数字化有一个新的名词叫作"数字脱盲"，就好比我们去教一个人识字、阅读并具备阅读理解能力一样，企业要让组织里的所有人都具备了解数字技术和使用数字技术的能力，如果企业员工在数字化时代不会使用这些技术，就成了新时代的"数字文盲"了。数字化技术已经全面覆盖了企业从设计、生产到运营、销售、售后的全过程，嵌入了企业的组织与营运模式的各个环节。员工在习惯全新的工作方式的同时，企业也要为员工创造更加精准化、数字化、个性化和健康化的企业文化土壤，通过提供先进的数字化工具帮助员工更好、更快、更高效地开展工作，建立透明、扁平化的数字化氛围，让企业能够与时俱进。

数字化转型是一种文化意识，是用数字化、互联网的思维方式去思考问题和处理问题。企业的管理者是数字化转型的发起者和引领者，数字化转型不是某一个人或者某一部门的事情，每个企业的管理者都必须带领团队为数字化转型的实现做出应有的贡献。当管理者意识到要进行数字化转型时，最先要做的就是考虑如何带动全员提高此意识，要研究和推动数字化转型，从业务和产品创新开始就进行数字化转型，并且让全员在整个转型阶段中都紧跟企业的步伐。数字化企业需要建立敏捷协作的工作方式。数字化的一个核心功能就是将所有资源在线聚合起来，突破时空界限为用户提供服务。这一过程中，无论是企业外部的资源方和用户方，还是企业内部各个工作团队与单元之间，都要通过连接和共享来实现协同与合作。

迭代式增量软件开发过程（Scrum）一词，来源于橄榄球，原意为并列争球，是敏捷协作最为著名的一种模式。Scrum 以其扩展性强、门槛低、名字和术语更容易被接受，逐渐成为最受欢迎的敏捷协作的工作方法，它的影响已经远远超出软件开发，成为零售、军事、风险投资甚至学校里完成各种任务的创新方法。

Scrum 是一个增量的、迭代的开发过程。在这个框架中，整个开发过程由若干个短的迭代周期组成，一个短的迭代周期称为一个 Sprint（冲刺），每个 Sprint 的建议长度是 2~4 周。在 Scrum 中，使用产品 Backlog（未完成订单 / 待办列表）来管理产品的需求，产品 Backlog 是一个按照商业价值排序的产品待办列表，列表条目的体现形式通常为用户故事。Scrum 团队先开发对客户具有较高价值的需求。在 Sprint 中，Scrum 团队从产品 Backlog 中挑选最高优先级的需求进行开发。被挑选的需求在 Sprint 计划会议上经过讨论、分析和估算得到相应的任务列表，被称为 Sprint Backlog。在每个 Sprint 结束时，Scrum 团队将递交潜在可交付的产品增量。⊖Scrum 流程如图 7-2 所示。

Scrum 框架包括 3 个角色、3 个工件、5 个事件、5 个价值（简称 3355）。3 个角色：产品负责人、Scrum Master（负责人）、开发团队；3 个工件：产品 Backlog（产品待办列表）、Sprint Backlog（更新迭代待办列表）、产品增量；5 个事件：Sprint（指在 Scrum 项目

⊖ 资料来源：Scrum（迭代式增量软件开发过程），百度百科。

管理方法中的一个常规、可重复的较短工作周期，Sprint 本身是一个事件，包括了 4 个事件）、Sprint 计划会议、每日站会、Sprint 评审会议、Sprint 回顾会议；5 个价值：承诺——愿意对目标做出承诺，专注——把你的心思和能力都用到你承诺的工作上去，开放—— Scrum 把项目中的一切开放给每个人看，尊重——每个人都有他独特的背景和经验，勇气——有勇气做出承诺，履行承诺，接受别人的尊重。

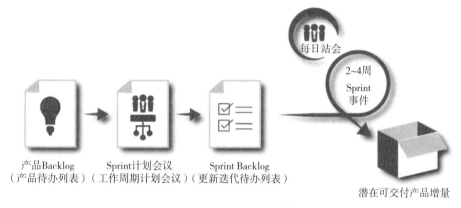

图 7-2　Scrum 流程图

企业文化建设成功的三个关键词

关键词一：信守承诺

管理承诺

做企业文化建设和做人、做管理是一样的道理，企业管理层承诺的事情和提出的要求，自己要先做到。如果企业倡导的价值观是公正、平等，那么在日常管理中，企业的管理风格、沟通方式和制度建设就要体现公正和平等，不能对员工要求公正、平等，而企业内部到处体现不平等和特权。

任正非是华为核心价值观的创立与优化者，也是华为核心价值观的守望者和践行者。他作为华为奋斗者的代表，一直奋斗着。他上热搜的新闻通常是独自一人拎着行李在地铁里、公交车站，或者机场的大巴里。他已经年逾古稀，糖尿病、高血压、颈椎问题缠身，在这样一个身体状态下，他一年却仍有 200 多天是在市场上奔波。

柳传志在联想经常讲罚站的故事："联想集团有个规矩，凡开会迟到者都要罚站。第一个罚站的人是我的一个老领导。罚站的时候，他站了一身汗，我坐了一身汗。后来我跟他说，'今天晚上我到你们家去，给你站一分钟'。我也被罚过三次。罚站的时候是挺严肃的，而且是很尴尬的一件事情，因为这并不是随便站着就可以敷衍了事的。不好做，但是也就这么硬做下来了。"

■ 案例 7-4

新东方，干活的不如写 PPT 的 [⊖]

在 2019 年新东方公司年会上，来自北京新东方学校 6 位老师表演的"释放自我"歌曲成为全场高潮，歌词直指新东方存在的"大企业病"：用户体验差，内部管理臃肿、效率低下、溜须拍马等。"干活的累死累活，到头来干不过写 PPT 的"，员工用原创歌词毫不掩饰地在年会上揭露公司管理者的弊病，董事长俞敏洪在台下笑得合不拢嘴，最后带头鼓掌。这并不是第一次有这样的节目，从 2016 年开始，新东方就有系列的

⊖　资料来源："干活不如写 PPT"，反映了怎样的一种企业生态，新京报。

吐槽节，每年的吐槽大会其实是一次内部自省，节目是对大企业的形式主义等弊病的自我批判，得到管理层支持。

俞敏洪丝毫不掩饰公司存在的管理问题，2019 年以来，俞敏洪已五次下发邮件，提及新东方管理层存在的问题，言辞一封比一封严厉。他明确指出了新东方中层管理存在的五大问题和高层管理人员存在的七大问题，批评高管们"变成了老油条，还常常拉帮结派"，身为管理者不干活，效率低下，职责重叠。俞敏洪的内部信认为，高管的混乱导致公司业务难以标准化，产品定价、学校组织五花八门；认为部分老员工已经开始丧失了奋斗创新精神，安逸懈怠情绪渐显。他提出成立三化（信息化、标准化、系统化）工作小组，亲自担任组长，要求在 2019 自然年和 2020 财年中，全面落地标准化内容。对六级及以上的管理者都整顿一遍，让平庸的、捣乱的、只会奉承拍马、不会干活的人先离开一批。

品牌承诺

信任是企业与用户关系中的重要因素，用户选择企业的产品和服务，往往都是基于信任。品牌的本质是一个企业所做出的价值承诺，这种关系维系得越紧密、越融洽，企业品牌资产的价值也就越高。

曾经有企业做过调查，如果能提高 5% 的客户留存率，就可以使企业利润增长提高 30%。如果是一个诚信度极强的企业，在经营活动中会获得巨大的长远利益，换言之，百年老店，一定是信守承诺。企业与用户之间建立了情感互动承诺，并始终如一地信守这些承诺，会使用户能时时感受到企业承诺的真实存在，用户也会做出一个承诺，那就是：我愿意成为企业忠实的用户。在这种良性互动的氛围中，企业与用户的关系便会得到共同升华。

■ 案例 7-5

持续 10 年的高田安全气囊门让 80 多岁的巨人倒下 [⊖]

　　高田公司于 1933 年成立，是一个经营工业纺织品的家族企业，1987
年开始生产安全气囊，并在其鼎盛时期成为世界第二大安全产品生产商，
其安全气囊和座椅安全带在全球市场占据 20% 左右的市场份额，在全球
20 个国家拥有 56 个生产基地，全球员工接近 5 万人。然而因为安全气囊
问题，使高田公司的负债总额超过了 1 万亿日元（约 614.5 亿人民币）。
2017 年，高田公司正式在日本申请破产保护，成为日本二战结束后最大
规模的制造业破产案例。

　　2008 年，本田汽车首次因为高田安全气囊问题召回了 4 000 辆车，
直指气囊出了问题，需要尽快调查清楚原因。2009 年本田汽车又召回 51
万辆车，但这一切并没有引起高田公司的高度重视。2014 年 10 月，高
田气囊已经造成 4 人死亡，引起多起诉讼。事实上，高田公司在 2004 年
进行产品测试时就已经发现了气囊产品缺陷，但当时上层管理者未对缺
陷产品做出处理。

　　事件仍在发酵，2015 年 5 月，高田安全气囊的异常破裂造成了 6
例死亡案件，有 100 多人受伤，此后，局面一发不可收拾。美国成立专
门审查小组对高田公司的生产流程展开调查，确证大概 1 900 万新车、
2 300 万个高田气囊存在缺陷。2017 年 2 月，高田公司对在美销售问题
安全气囊过程中存在欺诈表示认罪，同意支付 10 亿美元刑事罚金与美国

⊖　资料来源：召回解析｜没完没了的高田气囊 不愿消散的死亡威胁，中国汽车质
　　量网。

司法部达成和解协议。同年 6 月 25 日，高田美国子公司在特拉华州申请破产保护，负债 100 亿美元至 500 亿美元。

高田安全气囊召回事件始于 2008 年，涉及全球约 1 亿台气囊，本田、福特、大众和特斯拉等 19 家汽车制造商深受其害。高田公司的有问题的安全气囊至少造成了全球 17 人死亡，超过 180 人受伤，整个召回一直持续到了 2019 年底。是什么让一个 80 多年的巨头企业就这样悲惨落幕？

首先，面对危机反应迟缓。高田公司既没有及时承认安全气囊有问题，又没有及时补救，反而是采取隐瞒手段。在气囊问题不断发生时，高田公司非但没有重视，反而继续销售相同材料的气囊，并多次"傲气"地表示"无法确认造成爆炸的根本原因所在"。其次，拒绝调查。高田公司以"商业机密"为由，拒绝公开缺陷气囊问题细节，这样的表态令全球的车企都感到震惊，也让受害者感到寒心。最核心的问题是，高田公司把利益凌驾于用户安全之上，没有把产品的安全性放在首要位置。最终导致全世界都抛弃了它。

■ 案例 7-6

星巴克对于初心的坚守 [⊖]

2005 年吉姆·唐纳德（Jim Donald）出任星巴克首席执行官，创始人舒尔茨逐渐在星巴克快速增长的背后嗅出了一丝不安的气息：公司的企业文化令人感到担忧，公司把业务增长放在了首位，而价值观、社会良知、经营理念和人性关怀统统被迫退居二线，新一代的咖啡师没有得

⊖ 舒尔茨，扬. 将心注入：一杯咖啡成就星巴克传奇 [M]. 文敏，译. 北京：中信出版集团，2015.

到切实有效的培训和受到星巴克企业文化的熏陶。企业引进自动浓缩咖啡机在解决服务速度和服务效率问题的同时，却使得用户的"第三空间"体验大打折扣。由于企业衡量和奖励的标准是门店服务的速度和每小时成交量，加上美国的咖啡质量也在下降，使得星巴克成功的根基——门店用户体验状况开始恶化。星巴克没有坚持不断创新的道路，偏离了"咖啡体验"核心理念，并向不相关的领域（如娱乐业）大胆冒进。2006年，用户在星巴克门店的消费额开始减少，2007年夏天，星巴克门店交易增长率降至40年来最低水平，股票价格市场表现也从强于变为弱于标准普尔500指数、纳斯达克综合指数和标准普尔非消费必需品指数。

重归核心价值

2008年1月舒尔茨宣布出山，重掌星巴克，开始了重塑星巴克咖啡品质和重获星巴克及伙伴信任的历程。舒尔茨这样强调信任的作用："要想建立一个伟大的消费者品牌，信任是最关键的。如果你无法赢得员工的信任，就无法赢得星巴克的信任。如果你破坏了信任，一切就全完了。""除了咖啡和经验外，我们唯一的竞争优势就体现在员工如何创造星巴克体验上，员工是我们创造独特星巴克体验的根本源泉。"

倾听员工的声音

舒尔茨再次出山后的第一件事就是邀请员工直接发电子邮件给他，第一个月就收到了约5 600封电子邮件。舒尔茨还经常视察门店和烘焙工厂，并不时停下来和员工聊聊天。为了更好地融入员工中，舒尔茨恢复了过去两年已经停止的定期举办的公司公开论坛，在公开论坛上，员工可以自由发言，任何人可以问任何问题，而不用担心遭到什么报复。

咖啡师的再培训

2008 年 2 月 26 日，星巴克超过 7 000 家门店暂时停业一天，进行了"历史意义重大的店内教育和培训活动"。虽然当天损失高达数百万美元，承担了很大的风险，受到了不少的批评和媒体的关注。但是再培训有着重要的意义，通过培训，饮品的质量得到了提升，促使员工再次了解公司的使命、愿景和价值观，明确了工作的重心，也表明了星巴克严肃的态度。

召开领导团队峰会

2008 年 3 月 4 日，星巴克发起了 200 多名世界各地的高层领导的全球峰会。在这次峰会上，参会的成员走出会议室，走进西雅图最激励人心的零售商店，从用户的角度出发感受零售店带给他们的体验。经过反复地讨论和辩论，星巴克重申了"成为永续发展的伟大公司，在全球创建最著名和最令人尊重的品牌以激发和孕育人文精神而闻名于世"的愿景，开始实施七大战略举措：成为咖啡界无可争议的领袖；吸引并激励我们的伙伴；点燃用户的激情，与用户建立情感纽带；扩大全球业务让每个门店都成为当地社区的核心；做道德采购和环境保护的领军者；打造与星巴克咖啡匹配的创新发展平台；建立可持续发展的经济模式。通过这次峰会，参会者列出了每个星巴克人应该做的事情的变革议程，以及时刻提醒为什么这样做的使命宣言。

尽管正值全球金融危机，但星巴克 2009 财年第二季度的业绩出乎所有人意料，实现了自 2008 年第一季度以来的首次盈利增长。2010 年，星巴克彻底摆脱颓势，取得了创纪录的销售收入和利润。

2011 年是星巴克成立 40 周年，星巴克将"绿色美人鱼"LOGO 中 STARBUCKS 和 COFFEE 英文字样的圆环去掉，并将美人鱼标扩大，作为唯一的识别符号，意味着星巴克将翻开历史的新篇章：从专注于在门店提供咖啡，高增长的单一性专业咖啡零售商转变成具有多渠道、多品牌、多发展平台的全球消费者产品公司。

关键词二：注重个性

世界上没有相同的两片树叶，世界上没有一模一样的企业，更没有一模一样的企业文化。企业的发展历史不一样，业务模式不一样，CEO 的个性不一样，企业文化也是千差万别，也会具有鲜明的个性和独特的风格。创始人的个性会深深影响着企业文化，甚至会决定企业的命运。特斯拉的梦想就是马斯克的梦想，苹果的每一款产品都是乔布斯苛求细节的结果，华为的艰苦奋斗文化受任正非的影响非常大，腾讯的低调内敛和马化腾的性格也有很大关系。

乔布斯是公认的自恋、敏感、孤傲、掌控欲强，他每天会盯着镜子中的自己问"你需要什么"。正是因为他的偏执，苹果几乎每款产品都会引起轰动，引领潮流，即便他被赶出了董事会之后再次回到苹果，依然没有改变他的管理风格。曾经他身边一位很亲近的人问乔布斯为什么这么严厉，为什么不能温和一点，乔布斯说："我的工作并不是取悦别人，我的工作是让他们做得更好。"

马斯克极端的成功来自极端的人格，他是公认的暴君、偏执狂，彻头彻尾的"疯子"。他要求员工每天工作 20 个小时，而他工作 23 个小时。在特斯拉陷入危机的时候，他要求员工在周六、周日依旧努力工作，并睡在桌子底下，直到项目完成。在完工时间方面，他会假设一切顺利，制定出他能想到的最激进的时间表，然后假设每个人都可以更加勤奋地工作，以便完成生产进度。如果某个部门一上来就告诉马斯克某件事做不了，会被立马赶出办公室。马斯克对细节有着近乎偏执的执着，他会因为书面的拼写错误大发雷霆，甚至开除员工。

柳传志性格温和，更像传统知识分子，百折不挠。他的智慧来自本土化，却又很前卫。他将复盘从围棋领域提炼成为个人提升的工作方法，并成为联想的三大法宝之一，成为联想的企业文化。联想能够成功的第二个原因是柳传志建立了以"建班子，定战略，带队伍"为主要内容的"管理三要素"，尤其注重人才培养。早在创办联想时，柳传志就特意招聘和选用了一批刚从大学毕业的年轻人，最有代表性的是杨元庆、郭为、朱立南和孙宏斌四人，被称作"柳派门生"。知名财经作家迟宇宙在为联想所著的《联想局》中写道：在一个伟大而残酷的联想局中，柳传志及其联想，用一种附生于中国文化之上的智慧赢得了 20 年的尊重。在这 20 年里，他们一次次布局，一次次破局，一次次结局，又一次次重新走回局中。

蔚来的创始人李斌既不偏执，也不独裁，反而非常温和、真诚，但是他有两个底线不能触碰，一个是用户。蔚来的使命是创造愉悦的生活方式，愿景是成为用户企业，蔚来人做的每一件事情都要为用户创造价值，拒绝任何伤害用户的行为。蔚来从生态到产品再到服务都在竭尽全力为用户服务，在每一个触点上创造惊喜，持续为用户带来超越期待的全程体验。无论是蔚来在美国上市敲钟，还是成立用户信托；无论是车展，还是 NIO Day（蔚来日）；无论是产品设计还是产品改良，蔚来所有的重要时刻、重要决策都有用户深度参与。李斌的另外一个底线是美。

蔚来伙伴都有这个体会，李斌对于美有"执念"，而且他有很高的审美标准。这样的高要求来自蔚来的高端品牌的定位，在每一个用户触点上都体现高端感就必须对美和完美有不懈追求。蔚来的 LOGO 在英国伦敦发布，前后经历了 1 000 多稿，最终确立了一个很像蘑菇头的平面 LOGO。蔚来全球第一家 NIO House（蔚来中心）原本定在了上海太古汇，但是却在它建成的那天迎来了被砸掉的命运。因为在开业的时候，李斌发现整个效果、材质与他心目中对于 NIO House 的定位完全不符合，在经过内心挣扎之后，决定砸掉重建。这对蔚来是一个教训，也是一个标准，教训是在项目建设过程中管理层没有很好地把控，标准是蔚来建立的 NIO House 标准，以及对美的坚持绝不妥协。

所以，每位创始人的性格不尽相同，价值观和信仰也完全不同，企业文化一定也不同。但个性是个中性词，有积极向上的一面，也有消极负面的一面，我们要在尊重现实的情况下，辩证地去筛选和塑造企业文化的个性，有效引导，发扬光大，让企业散发出独具特色的魅力，创造企业文化的独特性和个性。

关键词三：与时俱进

企业文化建设的终极目的是实现企业的使命，建设过程中要服务和支撑业务发展，随着企业战略的发展，企业文化的内容和建设方式也要随之发生改变。我们处在一个巨变的时代，国际环境在变化，生活方式在变化，人们观念在变化，各种新思潮在激荡，企业要想持续发展下去，企业文化建设就必须与时俱进。优秀的企业一定是随着变化进行企业文化变革或者升级的企业。

从 1984 年开始，海尔经历了五次变革，每一次的变革都伴随着战略和企业文化的升级。2012 年 12 月，张瑞敏宣布海尔集团进入网络化战略阶段。这个网络化不只是利用互联网工具，更是要打造一个网络化的企业，通过企业平台化、员工创客化、用户个性化，把海尔变成员工自主创业的平台。此后，砍掉上万名中间层的海尔没有层级，只有三种人：平台主、小微主、创客。为了确保网络化战略的实施，海尔将原有的正三角组织转变成倒三角组织，又把倒三角组织形式打散、压扁，成为适应互联网时代的"网状组织"。用张瑞敏的话来说："没有成功的企业，只有时代的企业。"只要你能够踏准时代节拍变成时代，企业一定会发展，不会被时代所抛弃。

企业文化建设的与时俱进不仅仅是行动上的与时俱进，更是视野和思路上的与时俱进，要有更加多元、更加包容的文化，更加创新的管理方式，更加符合 Z 世代风格的表达方式和呈现方式。曾经有一位创始人来找我做企业文化咨询，他分享了一个很让他头疼的问题，他的企业员工是以"90 后"和"00 后"为主，而这个员工群体貌似对什么都不在乎，对企业也没有归属感。他想提升团队士气，提升员工对于团队的归属感，于是他就想了一个办法，他特地让人力资源部设计了一个生日会，把当月过生日的小伙伴邀请到一起，给他们准备了生日蛋糕、生日礼物，还播放了生日歌，过了一个隆重的生日会。本以为小伙伴们会很开心、很感动，但是没想到，现场氛围极其尴尬，过生日的小伙伴都不愿意上台，甚至趁人不注意溜出了活动室。活动结束后，人力资源部门特地采访了几位参与活动的小伙伴，小伙伴们表示这种方式很"社死"，希望公司以后送份礼物、送个小蛋糕就可以了，不要再搞类似的活动了。这就是"90 后""00 后"的真实想法，他们的理念和接受的方式已经和

"80后"不一样了，他们可能有一定程度的"社恐"，工作中不愿意被管理，不愿意服从权威。

企业文化建设的与时俱进也是管理上的与时俱进，就好比上文提到的企业文化发展的四个趋势，每一个趋势都是顺势而为，而不是凭空想象出来的。与时俱进就是用当下最主流的方式去做企业文化，用未来有可能发生的事情引领文化，让企业文化能够跟得上时代的脚步。

在不确定的时代，一切都会发生变化并且难以预测，人们的选择不再基于事实，而是基于价值。不确定的时代，要有确定的抓手，企业的生态环境是土壤，在这个土壤里面企业文化会产生多样性，在这个新土壤里面企业要用新的思路、新的方式去看待企业，看待企业文化，建设企业文化。

企业今天的成功不代表明天的成功，而可以让企业持续发展的一定包括企业文化。优秀的管理者不会临时抱佛脚，而是在风平浪静时补屋晒粮，提升组织的抵抗力。伟大的企业在平时厚泽万物，哪怕一时低迷，也会依靠自己优秀的基因涅槃重生，再铸辉煌。

■ **本章回顾**

1. 企业文化发展呈现出了四个趋势，分别是合金文化、精益创业文化、文化IP化和数字文化，这是时代发展的必然选择，企业要做的就是顺势而为。
2. 企业文化建设成功有很多要素，最重要的三条就是：信守承诺、注重个性、与时俱进。

3. 不确定的时代，要有确定的抓手，企业的生态环境是土壤，在这个土壤里面企业文化会产生多样性，在这个新土壤里面企业要用新的思路、新的方式去看待企业，看待企业文化，建设企业文化。

参考文献

［1］杨国安. 组织能力的杨三角：企业持续成功的秘诀［M］. 2版. 北京：机械工业出版社，2015.

［2］何帆. 变量：推演中国经济基本盘［M］. 北京：中信出版集团，2020.

［3］罗波，李士辰. 快公司［M］. 北京：中华工商联合出版社有限责任公司，2019.

［4］艾铁成，李波，秦力洪，等. 品牌帝国：宝洁中国商战传奇［M］. 北京：中国经济出版社，2012.

［5］王昆，李滢，慈龙江，等. 催化师：中化、中粮、华润团队学习法之道［M］. 北京：清华大学出版社，2021.

［6］王昆，等. 团队学习法：解密中化、中粮、华润管理之道［M］. 北京：机械工业出版社，2020.

［7］林光明. 敏捷基因：数字纪元的组织、人才和领导力［M］. 北京：机械工业出版社，2020.

［8］舒尔茨，扬. 将心注入：一杯咖啡成就星巴克传奇［M］. 文敏，译. 北京：中信出版集团，2015.

推荐阅读

读懂未来 10 年前沿趋势

一本书读懂碳中和
安永碳中和课题组 著
ISBN：978-7-111-68834-1

双重冲击：大国博弈的未来与未来的世界经济
李晓 著
ISBN：978-7-111-70154-5

元宇宙超入门
方军 著
ISBN：978-7-111-70137-8

量子经济：如何开启后数字化时代
安德斯·因赛特 著
ISBN：978-7-111-66531-1

最新版

"日本经营之圣" 稻盛和夫经营学系列

任正非、张瑞敏、孙正义、俞敏洪、陈春花、杨国安　联袂推荐

序号	书号	书名	作者
1	9787111635574	干法	【日】稻盛和夫
2	9787111590095	干法（口袋版）	【日】稻盛和夫
3	9787111599531	干法（图解版）	【日】稻盛和夫
4	9787111498247	干法（精装）	【日】稻盛和夫
5	9787111470250	领导者的资质	【日】稻盛和夫
6	9787111634386	领导者的资质（口袋版）	【日】稻盛和夫
7	9787111502197	阿米巴经营（实战篇）	【日】森田直行
8	9787111489146	调动员工积极性的七个关键	【日】稻盛和夫
9	9787111546382	敬天爱人：从零开始的挑战	【日】稻盛和夫
10	9787111542964	匠人匠心：愚直的坚持	【日】稻盛和夫 山中伸弥
11	9787111572121	稻盛和夫谈经营：创造高收益与商业拓展	【日】稻盛和夫
12	9787111572138	稻盛和夫谈经营：人才培养与企业传承	【日】稻盛和夫
13	9787111590934	稻盛和夫经营学	【日】稻盛和夫
14	9787111631576	稻盛和夫经营学（口袋版）	【日】稻盛和夫
15	9787111596363	稻盛和夫哲学精要	【日】稻盛和夫
16	9787111593034	稻盛哲学为什么激励人：擅用脑科学，带出好团队	【日】岩崎一郎
17	9787111510215	拯救人类的哲学	【日】稻盛和夫 梅原猛
18	9787111642619	六项精进实践	【日】村田忠嗣
19	9787111616856	经营十二条实践	【日】村田忠嗣
20	9787111679622	会计七原则实践	【日】村田忠嗣
21	9787111666547	信任员工：用爱经营，构筑信赖的伙伴关系	【日】宫田博文
22	9787111639992	与万物共生：低碳社会的发展观	【日】稻盛和夫
23	9787111660767	与自然和谐：低碳社会的环境观	【日】稻盛和夫
24	9787111705710	稻盛和夫如是说	【日】稻盛和夫
25	9787111718208	哲学之刀：稻盛和夫笔下的"新日本 新经营"	【日】稻盛和夫